KB076291

히브리 민중사

일러두기

- 삼민사에서 출간한《히브리 민중사》를 저본으로 하고, 이 책이 다시 목소리를 얻는 의
  미를 풀어 주는 글들을 붙였다. 생생한 숨결을 전달하기 위해 띄어쓰기를 제외하고는
  지금의 맞춤법과 다소 다른 당시의 표기를 따랐다. 부득이하게 할 경우에는 괄호 안에
  넣었다.
- 성서 표기는 공동번역을 따랐다.

히브리 민중사

문익환 지음

역사의 법정에 바치는
'항소이유서'

이해찬 _ 통일맞이 이사장

《히브리 민중사》의 재출간을 진심으로 축하합니다.

《히브리 민중사》가 다시 독자들을 만날 수 있다는 소식을 듣고 너무나 기뻤습니다.

왜냐하면, 우리 역사에 '늦봄 문익환'이란 인물이 등장한 중요한 이유 중의 하나가, 늦봄 스스로 인정하듯이, 바로 민중의 시각에서 구약을 해석한《히브리 민중사》를 써야 하는 책무였기 때문입니다. 늦봄 문익환은 히브리 민중의 역사와 자신의 삶이 운명적으로 연결되어 있다고 생각했습니다.

특히 이 책이 처음 출간된 1990년 5월은 1989년 방북 사건으로 네 번째 옥고를 치르면서 정신적으로나 육체적으로나 가장 힘든 시기를 보내고 있을 무렵이었습니다.《히브리 민중사》는 통일의 선구자이자 시대의 예언자로 핍박받고 고난 받는 삶을 기꺼이 선택한 늦봄에게, 현실의 법정이 아니라 역사의 법정에 바치는 일종의 '항소이유서'와 같은 책이었습니다.

교도소 시절이 없었더라면 예수님을 헛 믿을 뻔했다고 스스로 말할 정도로 늦봄 문익환 목사는 수감 생활의 고통 속에서 종교적 세계관을 확장시켜 왔습니다. 그는 세 번째 옥살이를 하고 나오면서 감옥에서 얻은 성찰을 신학적으로 가다듬고 발전시키고자 했습니다. 그 결실이 바로 이 책입니다. 여기에는 늦봄 문익환의 시대정신과 한 시대를 앞서 보는 통찰이 녹아 있습니다.

구약의 시작인 '창세기'가 아니라 '출애굽기'에서 시작하는 이 대서사는 제국의 압제와 착취의 상징인 애굽을 탈출하여 '해방'을 쟁취한 히브리 민중이, 자신의 영토를 갖기 위한 욕심으로 가나안을 정복하는 것이 아니라 가나안 제국의 통치에서 고통받던 농민들과 힘을 합쳐 히브리 민중의 신 야훼의 도움으로 마침내 농민 해방을 성취하는 여정을 그리고 있습니다. 우리가 아는 구약과는 전혀 다른 해석이자 전개입니다.

철옹성인 여리고성을 오직 믿음의 힘으로 무너뜨린 모습 속에서 강고한 분단의 장벽을 무너뜨릴 힘은 바로 억압받는 민중의 절실한 믿음이라는 점을 예언자가 되어 선포한 것입니다.《히브리 민중사》의 연장선에서 늦봄 문익환 목사는 '민이 주인이 되는 통일이야말로 진정한 통일이요, 희년과도 같은 통일'이라는 늦봄 통일 사상의 바탕을 완성할 수 있었습니다. 가장 먼저 다시 소개되어야 할 늦봄의 저작으로 이《히브리 민중사》가 꼽힌 것은 그런 의미에서 너무 당연한 일입니다.

늦봄 문익환이 저에게 들려준 성경 구절이 있습니다. "믿음은 바라는 것들의 실상이요, 보지 못하는 것들의 증거"라는 히브리서의 말씀입니다. 저는 가끔 생각해 봅니다. 늦봄 문익환의 '믿음'은 과연 무엇이기에 그는 그토록 간절히 '소망'하고 절실하게 '꿈을 꾼' 것일까. 그가 바란 믿음은 민주화와 통일이었고, 보이지 않는 실상은 민이 주인 되는 통일을 통해 민족과 민중이 진정한 해방을 맞이하는 그런 세상이 아니었을까요. 그는 오직 그 믿음을 실천하고 전하기 위해 치열한 삶을 살다 그렇게 우리 곁에서 떠나셨습니다.

2018년 늦봄 문익환의 탄생 100년을 맞이하면서 다시 선보일 《히브리 민중사》를 통해 저 역시 처음의 마음을 되새기게 됩니다. 누구나 바라지만 지금 당장은 갈 길이 보이지 않아 뇌리에서 희미해져 버린 '통일에 대한 굳건한 믿음'을 가질 것, 그리고 히브리인들이 여리고성을 오직 평화적인 순성(巡城) 의식만으로 무너뜨리고 해방을 맞이한 것처럼 평화적 수단으로 통일의 길을 열어 갈 것.

이 책이 이런 마음을 모아 내는 길잡이가 되리라 확신합니다. 이 작업에 함께해 주신 도서출판 정한책방에 깊은 감사의 인사를 드립니다.

가슴으로 읽힌 인간 해방의 드라마

지선스님 _ 민주화운동기념사업회 이사장

언제나 그리운 늦봄 문익환 목사님!

그분이 그렇게 황망히 우리 곁을 떠나실 줄을 누가 알았겠습니까? 무심한 것이 세월이라 벌써 20년이 훌쩍 넘었습니다. 그런데 이번에 목사님의 탄생 100주년을 맞아 대표적 저작 중 하나인《히브리 민중사》가 복간된다는 소식이 들립니다. 참 반갑고 고마운 소식입니다.

우리 모두가 알고 있듯이 목사님은 식민지배와 분단, 독재로 얼룩진 한국현대사를 가장 치열하게 살아 내신 분입니다. 그 모순의 현대사 속에서 온몸으로 통일과 민주를 꿈꾼 목사님의 삶에서 신랑이 신혼방에 드나들 듯 한 여섯 차례의 투옥과 10여 년의 감옥생활은 오히려 작은 그림자일지도 모릅니다.

분단과 독재의 감옥이 목사님의 맑고 고운 자유의 영을 가둘 수 없었듯이 목사님은 언제나 모든 경계를 넘어선 자유인이었고 길 잃은 시대의 선각자였습니다. 그래서 목사이면서 종교 너머에 계셨고, 시인이면서 문학 너머 현장에 우뚝 서 계셨으며, 흰 수의로 온몸을 감싸고 손에 수갑이 채워져 있을 때에도 어린아이 같은 해맑은 미소를 단 한 번도 잃지 않은 분입니다.

그렇게 목사님은 언제나 우리 시대의 꺼지지 않는 횃불이었고 싱싱하게 펄럭이는 깃발이었습니다. 이한열 열사의 장례식에서 열사 한분 한분의 이름을 외쳐 부르시던 그 쟁쟁한 목소리가 아직도 귀에 선합니다.

이 책은 천부적 이야기꾼인 목사님이 펼치는 구약성경 이야기입니다. 우리 시대에 가장 탁월한 구약학자 중의 한 분이 논문이 아닌 이야기로 성경을 풀이하는 방식부터 무척 흥미롭습니다. 마치 2000년 전 이스라엘의 예수가 단 한 편의 논문도 없이 수많은 이야기를 통해 인간 구원의 길을 명징하게 보여 주신 일을 연상시킵니다.

민중의 해방사이기도 한 이 이야기들 속에는 머리가 아닌 온몸으로, 가슴으로 읽히고 걸러진 구약성경의 인간 해방 드라마가 파노라마로 펼쳐지고 있습니다. 서양에서 온 기독교가 목사님의 치열한 용광로 같은 삶 속에서 녹아지고 걸러져서 마침내 너와 나, 우리의 해방 이야기가 된 것이겠지요.

종교가 다른 저 같은 절집의 승려에게도 전혀 부담이 없이 흥미진진하게 읽히니 목사님의 이야기 솜씨에 새삼 감탄하지 않을 수 없습니다. 단지 솜씨가 아닌, 민중의 삶을 가장 깊은 곳에서 체험한 경험에서 온 것이기에 가능한 것이겠지요. 성경이 시대와 지역을 넘어 인간 구원의 안내서가 되었듯이 이 책도 시대를 넘어 참된 인간 해방을 꿈꾸는 이들에게 깨달음의 지혜를 줄 것입니다.

탄생 100주년을 맞아 다시 목사님의 목소리를 책으로 만날 수 있는 기회를 갖게 된 것에 깊이 감사하며 이 일을 위해 여러모로

수고해 주신 문익환 목사 탄생 100주년 준비위원회와 출판 관계
자 여러분에게 깊은 감사를 드립니다.

지선 합장

차례

추천의 글 역사의 법정에 바치는 '항소이유서' _이해찬 4

가슴으로 읽힌 인간 해방의 드라마 _지선스님 8

머리글 16

히브리 민중사 서설 19

야훼 35
- 히브리인들의 하느님

해방전쟁 1 49

해방전쟁 2 61

해방전쟁 3 75

해방전쟁 4 91

새 나라의 기틀, 십계명 107

히브리 민중의 첫 시련, 다윗의 비극 121

비극의 씨앗, 이스라엘의 분단 135

저항운동의 물줄기를 트다 149
- 엘리야

봇물 터지다, 민중의 힘 163
- 예언운동을 보는 시각

재야의 목소리 터지다   177
- 아모스

온몸으로 사랑을 토하는 예언자   193
- 호세아

시온의 예언자   209
- 이사야

농민 예언자   223
- 미가

관이 주도한 종교개혁   239
- 히즈키야·요시아

분노와 고민으로 뒤범벅이 된 세 예언자   255
- 나훔·스바니야·하바꾹

시대의 풍운아, 만방의 예언자   271
- 예레미야 1

복간을 맞이하여　민중의 발바닥 언어로 풀어낸 성서 이야기 _최형묵   286

내가 본 문익환　민주회복과 민족통일운동의 선구자 _이해동   298

통일운동의 지도자를 떠올리며 _이창복   308

연표   318

리브리 민중사

머리글

이 책은 〈생활성서〉에 연재하였던 내용을 한 권의 책으로 묶은 것입니다.

돌이켜 보면 생활성서사가 저에게 '히브리 민중사'를 연재할 지면을 허락해 주셔서 얼마나 좋았는지 모릅니다. 하느님의 축복이라고 생각합니다.

바쁜 일정에 쫓기면서, 생활성서사의 문 수녀님의 독촉을 받으면서 한 달에 한번씩 40매 원고지를 메꿔 나가는 일이 제게는 그대로 행복이었습니다.

1985년 5월에 시작된 넷째 번 징역 생활로 한 번 중단되었고 또다시 중단된 채 아직은 미완성인데, 삼민사가 미완성인 채 책을 만들겠다고 떼를 써서 허락했습니다. 언젠가 문 수녀님의 독촉을 받으면서 나머지를 〈생활성서〉에 연재할 수 있기를 바랍니다.

'히브리 민중사'가 두 번씩이나 저의 징역살이로 중단이 되었다는 것은 어쩌면 걸맞는 일인지도 모르겠습니다.

요셉의 징역살이로 시작된 '히브리 민중사'가 징역살이 예언자 예레미야에서 중단되었다는 것은 그냥 우연이라고 보아 넘기기에는 너무나 깊은 같은 경험이 히브리 민중사와 우리 민족사 사이에 있다는 생각이 들지 않습니까?

〈생활성서〉의 독자권에서 훨씬 더 넓은 독자층의 읽을거리로 '히브리 민중사'가 퍼져 나가는 것을 〈생활성서〉의 편집진과 더불어 기뻐합니다.

〈생활성서〉의 편집인들과 독자들에게 머리 숙여 고마움을 표하면서.

통일염원 46년 4월 26일

안양교도소에서

히브리 민중사 서설

            • • •

   공주교도소에 있을 때의 일입니다. 때는 겨울이었습니다. 겨울이 되면 햇빛이 얼마나 고마운 것인지 밖에서는 상상도 못할 것입니다. 아무리 추워도 온몸을 햇빛에 노출시키고 손바닥으로 문지르지요. 맨 마지막으로 발바닥을 문지르다가 하루는 왈칵 쏟아지는 눈물을 걷잡을 길이 없었습니다. 얼굴을 쳐들고 푸른 하늘도 쳐다보고 아름다운 산천경개도 구경하며 흥에 겨울 때도 발바닥은 땅을 밟고 서 있을 뿐이지요. 자유의 깃발을 어깨에 메고 두 손으로 붙잡고 영광스레 전진할 때도 발바닥은 터지고 찢어지며 땅을 밟고 한 걸음 한 걸음 아무도 알아주지 않는 걸음을 터벅터벅 옮기고 또 옮길 뿐이지요. 60여 년 살아오는 동안 내가 언제 발바닥의 고마움을 느끼고 발바닥에 영광을 돌린 일이 있었던가? 모든 기쁨 모든 영광을 남에게 돌리면서 자신은 말없이 땅을 밟을 뿐인 발바닥에 얼굴을 대고 나는 엉엉 울었습니다.

   손으로 만들고 손으로 쓰는 역사가 아니라 땅바닥에 찍힌 발바닥의 역사를 찾아야 한다는 생각이 들었습니다. 나는 그것을 이렇게 읊어 보았습니다. 제목은 '발바닥 얼굴'입니다.

더러는 크고 더러는 작다뿐

더러는 길쭉하고 더러는 넓데데하다뿐

모두모두 특징 없는 얼굴이구나

눈도 코도 귀도 없는 그 얼굴이 그 얼굴인

온몸으로 땅에 꾹꾹 찍힌 백성의 마음이구나

백성의 한결같은 마음이구나

두루 섞어 놓으면 물에 물 탄 것 같은

백성의 하늘같은 마음이구나

천 년을 하루같이 흐르는

한강 대동강 압록강 두만강의 하냥 서러운 마음

하늘도 우릉우릉 땅도 우릉우릉

삼각산 밑둥도 우리 집 기둥 뿌리도

앞산 뒷산 소나무 느티나무 자작나무 뿌리도

우릉우릉 울리는 이름 없는 백성의

슬픈 마음이구나

곡괭이로 파헤치고 불도저로 뒤엎으면

산천을 떠도는 흐느낌이다가

천둥번개로 쏟아지는 아우성이다가

비바람에 씻겨 가는 날이면

땅속으로 파고드는 풀뿌리다가

풀뿌리들의 마음 이슬이 되어

새벽을 기다리는 열린 가슴이다가

굽이굽이 끝없는 길

오늘도 가고 내일도 가야 할

만신창이 우리의 역사이구나

찢어지고 터진 아픔 서로 싸매 주며

얼싸안고 일어서는 사랑이구나

너와 나의 어쩔 수 없는 얼굴이구나

발바닥이 움직이지 않고서는 우리는 한 걸음도 전진할 수 없는 것이 아니겠습니까? 그들이 움직이지 않으면 온 세상이 딱 멎어 버리는 밑바닥 계층, 발바닥처럼 그 얼굴이 그 얼굴인 이들은 누구일까요? 농투사니들이 바로 발바닥으로 역사의 동력이 되어 온 사람들이지요. 일 년 사시장철 꼭두새벽부터 어둑어둑해서 일할 수 없이 되기까지 땅을 파헤치며 농사를 짓는 무지랭이들이 손을 놓으면, 정치도 문화도 없는 것 아니겠습니까?

농투사니들만이 역사의 발바닥인가? 아닙니다. 농사꾼들도 지배자의 억압과 착취에 시달리는 역사의 발바닥이지만, 그나마 농토를 빼앗기고 부평초처럼 떠도는 사람들이 찍어 놓은 역사의 발바닥 자국도 있습니다. 권세가의 손이 미치지 않는 산간벽지에 들어가서 산에 불을 지르고 감자라도 심어서 연명하는 화전민의 발바닥 자국도 있고 자기의 땅을 빼앗은 권세가의 농노가 되어 원수 같은 목숨을 이어 가는 발바닥들의 핏자국도 있고, 견디다 견디다 못해 낫·괭이·호미를 들고 일어나는 농민군들의 역사도 있지요.

동학농민혁명군의 역사는 그 혁혁한 기록이지요.

때로는 화전민의 길도 거부하고 농노의 길도 차 버리고 강도떼로 변신한 원한에 사무치는 발바닥도 있습니다. 그 가운데에는 홍길동, 임꺽정 같은 의적들도 있지요.

화전민의 길이 막힌 오늘, 농노의 길을 거부하는 사람들은 공장으로 들어가 노동력을 팔아 연명하려고 합니다. 그 길도 막히면 현대판 도둑떼인 전과자로 별을 하나씩 붙이는 이 사회의 변두리 인생으로 둔갑하는 사람도 있습니다.

이 음지의 발바닥 역사는 영영 땅에 묻혀 버려도 되는가? 어느샌가 이 발바닥 자국들의 소리가 '쿵쿵' 땅속에서 우리의 발바닥으로 울려오기 시작했습니다. 농사꾼들이 손을 놓으면 왕후장상도 다 별 볼 일 없는 것들이 되는 것 아닙니까? 문화도 역사도 그 근저인 생존의 근거가 무너지는데 무엇이 있을 수 있습니까? 없지요. 2차, 3차 산업에 종사하는 근로자들이 손을 놓으면 우리의 문화생활과 역사는 모두 정지되고 마는 것 아니겠습니까?

이렇게 생존과 문화의 밑거름이요, 역사의 원동력인 이들 민중의 발바닥 역사는 땅에 묻혀 버려도 되는가? 안 됩니다. 우리는 그것을 땅속에서 찾아내고 돋혀 내야 합니다.

그런데 그것은 거의 다 묻혀 있습니다. 왜 그럴까요? 발바닥 자국은 글자가 아니기 때문입니다. 글자로 기록되기 이전의 시대를 선사시대라고 하지요. 글자로 기록된 것만이 역사로 인정될 수 있다는 것 아닙니까? 그런데 고대사회에서는 글자로 기록을 남긴다는 것은 지배계층에서만 가능한 일이었기 때문에, 기록된 것만을 역사라고 보는 사람은 애당초 반민중적일 수밖에 없습니다.

성서도 예외는 아닙니다. 이스라엘 최고(最古)의 역사는 솔로몬 왕궁에서 씌어집니다. 그 이후에 나라가 남북으로 갈라진 다음에는 하나는 그대로 남왕국의 시각에서 계속 씌어지고 다른 하나는 북왕국의 관점에서 새로 씌어집니다. 그러다가 주전 721년에 북왕국이 망한 다음 북왕국의 역사가 예루살렘에 내려와서 남왕국의 견지에서 다시 편집됩니다.

이리하여 히브리 민중사도 이스라엘(북쪽) 왕궁사와 유다(남쪽) 왕궁사에 묻혀버리고 맙니다. 출애굽과 함께 민중사로 시작된 하느님의 역사가 왕궁사로 둔갑합니다. 그러나 하느님의 역사는 기실 왕궁사와는 부정적으로 관계가 있을 뿐, 하느님의 역사는 왕궁사에 묻혀 있는 민중사였습니다. 이제부터 우리는 이스라엘 왕궁사의 폐허를 파헤치며 그 속에 묻혀 있던 민중사, 민중사에 찍혀 있는 하느님의 발바닥 자국을 돋혀 내는 작업을 시작할 것입니다. 그것은 곧 글을 읽을 줄도 쓸 줄도 모르는 민중의 발바닥 자국을 더듬는 일이기도 합니다.

히브리인들은 누구인가

"그들이 히브리 사람들입니까? 나도 그렇습니다. 그들이 이스라엘 사람들입니까? 나도 그렇습니다."(고후 11 : 22)

여기서 히브리라는 말과 이스라엘이라는 말은 같은 뜻입니다. 그리고 이 두 말은 다 선민으로 특전을 누리는 자랑스러움을 나타내는 말입니다. 바울로 사도는 자신을 히브리인 중의 히브리인이라고 말합니다.(빌 3 : 5) 그러나 바울로 사도에게 있어서 히브리인이라는 선민의식은 배타적인 특전이 아니라 세계를 향한 사명이었습니다.

'히브리'라는 말은 처음부터 그렇듯 자랑스러운 말이었던가? 전연 그런 것이 아니었습니다. 오히려 그 반대였습니다. 에집트 왕의 경호대장 보디발의 아내가 젊고 잘생긴 요셉을 유혹하다가 실패하자 창피하기도 하지만 괘씸한 생각이 들어 남편에게 무어라고 합니까? "당신이 데려온 히브리 종 녀석이…" 이건 멸시의 대상이라는 말 아니겠습니까? 요셉의 열한 형제가 요셉의 관저에서 대접을 받을 때, 그들은 에집트인들과 한 상에 앉아서 먹을 수 없었습니다. 까닭은, "에집트 사람들이 히브리 사람들과 자리를 같이해서 음식을 먹으면 부정을 타게 된다"(창 43 : 32)고 믿었기 때문이었습니다. 이스라엘인들이 하늘같이 우러르는 조상 아브라함도 뭇사람에게 멸시받는 히브리인이었다니.(창 14 : 13)

'히브리'가 천민을 가리키는 말이었다는 것은 고대 근동의 많은 기록에서 증명됩니다. 에집트뿐 아니라 메소포타미아, 소아시아—철병거로 고대 근동을 한때 휩쓸었던 헬(힛타이트, Hittite) 사람들—의 기록, 시리아, 페니키아, 가나안의 고대 문헌에서 천민의 대명사로 자주 나오는 '아피(비)루'라고도 표기할 수 있고 '하피(비)루'라고도 표기할 수 있는 말이 구약성서의 '히브리'와 같은 말이라는 것은 학계에서는 이미 정설이 되어 있습니다.

이 말은 셈, 함, 야벳이라는 인종적인 장벽을 넘어서 널리 쓰여졌을 뿐 아니라, 주전 18세기에서 시작해서 10세기에 이르는 긴 세월 동안 어디서나 그것은 천민의 대명사로 쓰여진 것입니다. 사무엘 상권을 읽어 보면 불레셋 사람들이 사울, 요나단, 다윗 등 지방 저항 세력을 멸시해서 '히브리'인이라고 부르는데 그것이 주전 11세기의 일이었습니다. 사무엘서가 씌어진 것은 그보다 훨씬 후였지만 이 기록은 그때를 정확하게 반영하고 있다고 하겠습니다. 다윗 왕국이 세워진(주전 1000) 후 언젠가 편집된 법령을 보면, 히브리인을 종으로 삼았을 때 육 년을 부리고는 제 칠 년인 안식년에는 자유를 주라는 규정이 있습니다.(출 21 : 2) 그때까지만 해도 히브리인은 종의 대명사였습니다. 여러 세기에 걸친 히브리인들의 해방전쟁의 결과로 세워진 나라에서 다시 히브리인이 종이 되어서는 안 된다는 것이 이 법조항이 금지하는 것이지요. 그 이후로는 천민의 대명사로서 히브리라는 말은 기록에 나오지 않습니다. 적어도 성서에서는.

하비루라는 기록이 처음 나오는 것은 메소포타미아 북쪽을 흐르는 유프라테스 강가에 있는 한 도시 마리에서였습니다. 기록 연대는 주전 18세기이고, 거기서 하비루는 용병입니다. 용병이란 의식주를 제공받는 대신 남의 전쟁에 제 목숨을 내대는 군인들 아닙니까? 고향에서 뿌리 뽑혀서 떠도는 무리들 가운데 힘깨나 쓰는 사람들이 전쟁 기술을 몸에 익혀 가지고, 자기들을 써 주는 군주들이 있으면 그에게 목숨을 볼모로 바치고 의식주를 제공받는 불쌍한 사람들이었지요. 그들은 독자적인 조직을 가지고 그 지역 도시들을 공격하고 털어 가는 강도떼가 되는 경우도 있었습니다.

지금의 터키를 옛날에는 소아시아라고 불렀지요. 거기서 헬 사람들이 높은 문화를 이룩합니다. 이 사람들이 쇠鐵로 병거를 만들고 무기를 만들어서 한때 고대 근동을 휩쓴 일이 있습니다. 그 헬 고대왕국시대(주전 1740~1460)의 기록에서도 하비루는 용병입니다. 한 요새를 방어하기 위해서 삼천 명이나 용병을 고용했다는 기록이 나옵니다. 다음 헬 왕조(주전 1460~1200)의 기록에서도 하비루가 나오는데, 특히 우리의 관심을 끄는 것은 '하비루들의 신들'이 다른 신들과 함께 국제 조약 체결의 증인으로 등장한다는 사실입니다. 이것은 하비루가 사회적으로 꽤 힘 있는 세력이 되어 있었다는 걸 말해 줍니다.

주전 15세기부터 하비루에 관한 기록이 부쩍 늡니다. 그 기록의 분포가 북에서 남으로 이동하는 것을 볼 수 있습니다. 그리고 하비루가 용병 혹은 강도떼를 말하는 경우도 있지만 종을 말하는 경우가 많아집니다. 우선 북쪽의 기록부터 볼까요.

메소포타미아의 남쪽을 흐르는 티그리스 강가에서 누지라는 도시가 발굴됩니다. 거기서 발굴된 문서(주전 15세기경)에서 하비루가 서른 번 이상이나 나옵니다. 거기 나오는 하비루들은 노예들입니다. 그런데 그들은 노예라기보다는 노예 계약을 맺고 고용된 사람들을 말합니다. 이름을 보면, 그들은 대부분 타지방에서 굴러 들어온 사람들이라는 것을 알 수 있다고 합니다. 그 이름들의 언어적 배경이 다양하기 때문입니다.

또 주전 15세기에 하비루는 에집트 기록에 많이 나타납니다. 주전 1450년경으로 추산되는 한 무덤에서 발견된 기록을 보면, 하비루는 포도원에서 포도즙을 짜서 포도주를 빚는 일꾼들입니다. 테베와 멤피스라는 두 도시가 있는데, 거기에서 아메노피스 2세(주전 1438~1412년경)가 제2차 아시아 원정을 성공리에 끝내고 돌아와서 세운 전승기념비가 발견되었습니다. 거기는 물론 전쟁에서 노획한 전리품이 나열되어 있는데, 그 전리품 가운데는 금·은·무기도 들어 있지만 3만 6천 명 하비루도 들어 있습니다. 그들은 두말할 것 없이 노예가 되는 거죠.

투트모세 3세(주전 1490~1436) 때에 에집트 장군이 지중해 연안에 있는 요빠라는 항구도시를 정복한 기록이 있는데, 거기에는 말을 성 안으로 끌어들이지 않으면 하비루들이 끌어갈 것이라고 기록되어 있습니다. 이 하비루는 도둑떼였다고 보아야 할 것입니다. 하비루가 도둑떼, 약탈자, 무법자를 말하는 또 하나 다른 에집트의 기록은 가나안 벳스안이라는 데서 발견된 에집트 왕 세토스 1세(주전 1305~1290)의 기념비에서 찾아볼 수 있습니다. 거기서 하비루는 에집트 원정대에게 토벌되어야 하는 무법자들이었습니다.

요빠가 가나안 중부 지중해 안에 있는 도시라면 벳스안은 북쪽에 있는 내륙 도시였습니다. 그런데 가나안 중심에 자리 잡고 있는 난공불락의 도성 예루살렘이 히브리인들의 위협을 받고 있었다는 기록이 있습니다. 그 당시 가나안은 에집트의 지배 아래 있었습니다. 가나안 도시국가들의 영주라는 것들은 에집트의 괴뢰요 앞잡이들로서 농민들의 피를 빨아 상전인 에집트 왕에게 얼마 바치고 남은 것으로 살아가는 것들이었습니다. 당시 예루살렘의 영주 압디하바도 예외는 아니었습니다. 그는 상전인 에집트 왕에게 다급한 소리로 도와 달라고 호소하면서 아래와 같이 보고합니다.

"하비루들이 에집트 왕의 땅을 침범합니다."

"하비루들이 예루살렘을 위협하고 있습니다."

"라기스 왕은 하비루와 합세한 노예들에게 암살되었습니다."

"세겜 왕 라바유와 그의 아들은 하비루들과 한편이 되었습니다."

"예루살렘 근방의 도시 벳니니브는 하비루들에게 함락되었습니다."

이렇게 되면 하비루는 그냥 광야의 무법자 강도떼들이 아니라 에집트의 지배에 항거해서 일어난 해방혁명군이 되는 것입니다. 이 기록들은 여호수아가 이끄는 하비루 해방군이 요르단강을 건너기(주전 1250년경) 전 2~3세기 동안의 형편을 잘 보여 줍니다.

요셉은 억울하게 감옥에 갇히지요. 거기서 요셉은 억울하게 갇힌 에집트의 관리를 만나게 되고, 그의 꿈을 해몽해 주면서 자기는 히브리인들의 땅에서 유괴되어 온 사람이라고 말합니다.(창 40 : 15) 요셉에게 있어서 가나안은 에집트의 영토가 아니라 히브리인들의 땅이었습니다. 그리고 자기가 히브리인이라는 것이 부끄럽지 않고 오히려 자랑스러웠던 것 같습니다. 여러 세기에 걸친 해방전쟁의 영웅담 같은 것들이 많이 있었을 것입니다. 그런 것들이 에집트에 가서 종살이를 하는 요셉에게 긍지가 되어 의연한 자세를 견지하게 했고 옥살이도 부끄럽지 않게 견디게 한 것인지도 모르지요.

히브리인 가운데는 그런 자랑스런 이야기도 있었지만, 지배자의 용병으로 같은 히브리인 해방군을 무찌르는 히브리인도 있었습니다. 시리아 지역 우베라는 곳에 가 있던 에집트 부총독 빈야와자는 이런 편지를 상전인 에집트 왕에게 보냅니다.

"저는 저의 보병대와 병거대, 저의 형제들과 하비루들, 그리고 저에게 속한 베두인들을 거느리고 마마께서 명령하신 곳으로 가겠나이다."

하비루인들이 강제노동에 동원되는 사회의 밑바닥 인생들이었다는 것은 출애굽의 기록 외에도 있습니다. 라암셋 3세(주전 1185~1152)는 툼 신전 건설에 히브리인들을 동원했다는 기록이 있고, 라암셋 4세(주전 1052~?)가 팔백 명 하비루를 채석장으로 보냈다는 기록도 있습니다. 이것은 모세가 하비루들을 이끌고 에집트를 탈출한(주전 1280년경) 다음에도 에집트에는 강제노동에 투입되는 히브리인들이 많이 있었다는 것을 말합니다.

구약성서에서 맥박 치는 하느님의 역사는 히브리 민중사로 시작됩니다. 이스라엘사는 가나안에 자리를 잡으면서 시작됩니다. 그리 되면서 민중사는 궁중사에 가리어지기 시작합니다.

이 민중사의 주체인 히브리인들은 어떤 사람들인가? 이상에서 옛 기록들을 더듬으며 살펴본 대로, 히브리는 종족, 혈족으로 단위를 이루는 배타적인 칭호가 아니라, 당연히 자주적인 주격으로 해방되어야 할 밑바닥 계층, 정치적·경제적·사회적인 약자들을 포괄하는 총칭입니다. 그들은 어떻게 만들어졌을까요?

1. 전쟁포로들이 하비루가 되어 노예로 혹사당했다는 것을 알 수 있습니다.

2. 경제적인 이유 때문에 노예로 전락하고 용병으로 변신할 수밖에 없이 된 사람들, 지금 한국에서도 그렇지만 고대 근동에서도 농촌에서 밀려난 이농민들이 하비루가 되었습니다.

3. 야곱의 이야기나 모세의 이야기에서 보듯이 어떤 이유건 고향에 남아 있을 수 없는 사람들, 남에게 붙어사는 떠돌이, 더부살이, 천더기들이 하비루로 전락했던 것을 알 수 있습니다.

이렇게 생겨난 하비루들의 모습은 크게 셋으로 나눌 수 있습니다. 하나는 노예, 하나는 강도떼들, 또 하나는 전쟁을 직업으로 하는 사람들이겠습니다. 강도떼 가운데는 다윗처럼 의적이 되었다가 대지도자로 자라는 사람도 있습니다. 전쟁을 직업으로 삼는, 하비루들은 지배자들의 앞잡이가 되어서 억압과 착취의 도구가 되다가도, 때가 되면 반란을 일으켜 혁명군으로 변신하는 경우도 있었습니다. '야훼'는 하비루의 하느님이었다는 것이 아닙니까? 야훼께서는 모세에게 명령하시죠.

"너는 이스라엘 장로들을 데리고 에집트 왕에게 가서 '히브리인의 하느님 야훼께서 우리에게 나타나셨으니 우리는 광야로 사흘길을 걸어가 우리 하느님 야훼께 제사를 드려야 하겠소'하고 말하여라."(출 3:18, 7:16, 9:1~13, 10:3)

야훼는 이스라엘 민족신이기 전에 억압받는 천민들의 신이었던 것입니다. 야훼가 이스라엘 민족신의 테두리를 깨고 세계의 신이될 소지가 바로 여기 있었던 것이 아니겠습니까? 다음번에는 히브리 민중의 신 야훼가 어떤 분인지를 살펴보기로 하겠습니다.

야훼
- 히브리인들의 하느님

· · ·

"사내아이가 나면 목을 졸라 죽이라고 했으니, 그래도 안 되니까 나일강에 갖다가 버리게 했으니, 그 어머니들의 한이 오뉴월의 서리로 에집트 위에 안 내릴 수 있겠어?"

이건 70년대 민족수난사 속을 뚫고 나오시면서 출애굽기를 읽으시다가 내뱉으신 나의 어머님의 말씀입니다. 어머님의 두 아들은 다 무사히 감옥에서 살아나왔지만, 그렇지 못한 가엾은 사람들이 많이 있습니다. 어머님은 억울하게 죽어 나온 그 사람들과 그들의 어머님들의 심정으로 성서를 읽으셨던 것입니다.

아침 식탁에 앉으실 때마다 어머님은 죄인의 심정이 되시는 겁니다. 겨울이면 더욱 그러합니다. 등허리 따뜻한 방에서 주무시는 것도 죄스러우신 겁니다. 따뜻한 죽에 꿀을 한 숟가락 떠 넣고 우유를 부어서 잡수시려면 목이 메는 심정이 되시는 겁니다. 억울하게 옥살이를 하는 젊은이들 생각에. 그들을 위해서 기도하시는 어머님의 목소리는 언제나 떨립니다.

아침 식탁에서 어머님이 떨리는 목소리로 그들을 위해서 드리는 기도를 들으면서, 그 기도에 '아-멘' 하면서, 나는 어머님의 하느님도 나의 하느님도 또 억울한 옥살이를 하는 이들의 하느님도 다름 아닌 히브리인들의 하느님 야훼라는 걸 느끼는 겁니다.

"히브리인의 하느님 야훼께서 우리에게 나타나셨습니다. 그러니 우리는 광야로 사흘 길을 걸어가서 우리 하느님 야훼께 제사를 드려야겠소."(출 3 : 18, 5 : 3, 7 : 16, 9 : 1~13)

야훼는 이스라엘의 민족신이기 전에 나라와 인종의 경계를 넘어 짓눌려 기를 못 펴고 사는 변두리 인생들의 신이었다는 말입니다. 당시 근동 일대의 맹주 에집트에는 그런 사람들이 많았습니다. 전쟁포로로 끌려가서 온갖 육체노동에 투입되는 국가 노예들도 물론 많았습니다. 수량이 풍부한 나일강이 꿈틀꿈틀 흐르고 있어서 물 때문에 흉년 드는 일이 거의 없는 나라 에집트는 근동의 곡창이었습니다. 야곱의 일가처럼 기근을 피해서 갔다가 농노가 되는 사람들도 있었지요. 요셉처럼 종으로 팔려 가는 일도 물론 많았구요. 농토에서 밀려 나서 변두리 사막지대를 떠도는 강도떼가 되었다가 쳐들어가는 수도 많았습니다. 그 약탈자들을 에집트인들은 '쇼수'라고 불렀습니다. 때로는 그 쇼수가 에집트를 정복하고 지배자가 되는 경우도 있었죠. 주전 18세기에서 16세기에 걸쳐 에집트를 지배한 힉소스 왕조의 경우가 그런 경우였습니다. 힉소스 왕조는 침략자 셈족이 세운 왕조였으니까, 학자들은 바로 그 때가 요셉이 총리대신의 자리에 오를 수 있는 때였으리라는 추측을 해볼 만도 했지요. 에집트인들이 반란을 일으켜 힉소스 왕조를 뒤엎고 새 왕국을 세웠을 때(주전 1550), 밖에서 들어갔던 지배자들은 대부분 도망쳤겠지만, 종으로 남은 사람들도 적지 않았겠지요.

용병으로 들어갔다가 전쟁이 없으면 노동력으로 돌려지는 경우도 없지 않았을 것입니다. 이들이 모두 하비루였고, 야훼는 그 하비루들의 신이었다는 것이 아닙니까?

그렇다면 '야훼'는 모든 하비루들의 신이었을까요? 그런 것 같지 않습니다. '야훼'는 많은 하비루들의 신명(神名) 중의 하나였을 것입니다. 암몬에서 온 하비루는 계속 말곰 아니면 몰톡을 섬겼을 것이고, 모압 출신 하비루는 그대로 그모스를 섬겼을 것 아닙니까? 불레셋 사람들은 다곤을 섬겼을 것이고, 가니안에서 간 하비루들은 바알과 아스도렛(혹은 아쎄라)을 섬겼을 것이고.

그 많은 하비루의 신들 중에 모세를 보내어 이 하비루들을 종살이에서 건져 낸 신 '야훼'는 어떤 하비루의 신이었을까요? 물론 아브라함의 하느님, 이사악의 하느님, 야곱의 하느님이었다고 생각되겠지요. 그런 기록도 있지마는(출 3 : 16), 그렇지 않은 기록도 있습니다.

"나는 야훼다. 나는 아브라함과 이사악과 야곱에게 '엘 샨다이'(헬라어 번역 성경을 따라 '전능의 신'이라고 번역되어 있으나, '엘 샨다이'는 고유명사다)로 나를 드러낸 일은 있지만, 야훼라는 이름으로 나를 알린 일은 없었다."(출 6 : 3)

'엘 샨다이'가 아브라함과 이사악과 야곱의 신이었다면 모세도 엘 샨다이를 섬기는 사람이었을 것 아닙니까? 그런데 모세는 엘 샨다이가 아니라 야훼의 보내심을 받아 에집트로 갑니다. 어디서?

미디안에서. 미디안 사제 이드로(출 2 : 16, 3 : 1, 18 : 1)의 양을 치다가 야훼의 부르심을 받아 에집트로 무거운 발을 옮기지 않습니까? 그렇다면, '야훼'는 본래 미디안인들이 섬기던 신의 이름이 아니었을까요? 아마도 그랬던 것 같습니다. 또 그럴 만한 방증도 꽤 있습니다.

그 이름이야 어디서 왔든지, 중요한 것은 모세가 여기서 새 이름과 함께 새 하느님의 계시를 받았다는 사실입니다.

에집트에는 많은 신이 있었습니다. 한편에는 지배자의 신 '레' '아톤'이 있었고 한편에는 억눌리고 짓밟히는 하비루들의 신들이 있었지요. 하비루 노예들에게 지배자들의 신, 그 웅장한 신전에 높이 앉아 모든 영광과 찬송을 받는 신들이 무슨 관계가 있겠습니까? 그 신들은 지배자의 통치, 그 억압과 착취를 정당화해 주고 통치자들의 후광이 되어 주는 신이지요. 억압받고 착취당하는 하비루 노예들에게 그 신들은 결코 사랑과 존경과 찬양의 대상이 될 수는 없지요. 오직 불타는 증오와 이를 가는 저주가 있을 뿐이지요. 그 거대하고 정교한, 화려하고 찬란한 신상들은 절대로 그들의 신일 수가 없습니다. 그것은 한낱 우상에 지나지 않습니다. 찍어 버려야 할 한낱 나무토막이요, 깨 버려야 할 한낱 돌덩어리요, 바수어 버려야 할 한낱 쇠붙이에 지나지 않는 것입니다.

야훼 말고도 하비루 노예들의 신이 많이 있었을 것입니다. 아니, 분명 많이 있었습니다. 그런데 그 어느 신도 모세 앞에서 꺼지지 않는 불길로 타오르지 않았습니다. 야훼처럼 가슴 뜨거운 신은 없었습니다.

"나에게는 내 백성이 에집트에서 고생하는 꼴이 똑똑히 보이고 억눌려 괴로와 울부짖는 소리가 쟁쟁하게 들려온다. 그것들이 얼마나 고생하는지 나는 너무나 잘 알고 있다."(출 3:7)

꺼지지 않는 불길로 타오르는 그의 가슴은 아픔이었습니다. 그것은 억압자들을 향해서 치솟는 분노였고, 그들을 쳐부수고 당신의 백성을 건져 내고야 말겠다는 단호한 결의의 표명이었습니다. 야훼는 다른 신들처럼 체념하거나 포기하지 않았습니다. 달걀로 바위를 치는 만용을 저지르라고 모세에게 명령합니다. 아니 부탁합니다. 아니 두 손 모아 빕니다. 애걸하는 거죠 뭐.

"제발 부탁이다. 좀 가다오."

이렇듯 너무나 인간적인 하느님, 그러면서도 단호하게 일어서시는, 약자에게 용기를 불어넣어 강자를 치게 하시는 하느님 야훼, 그 앞에서 모든 하비루의 신들은 동이 트자 사라지는 도깨비에 지나지 않았던 겁니다.

억압과 착취 아래서 실의와 좌절의 늪에 빠져 헤어나지 못하는 저 하비루 노예들 앞에 어떤 신의 이름으로 나타나야 할 것이냐고 자기를 보내는 신에게 묻는 것 아닙니까?

"제가 이스라엘 백성에게 가서 '너희 조상들의 하느님께서 나를 너희에게 보내셨다'고 말하면, 그들이 그 하느님의 이름이 무엇이냐고 물을 터인데, 제가 어떻게 대답해야 하겠습니까?"

세계를 호령하는 초강대국 에집트의 손아귀에서 어떤 신이 능히 우리를 건져 낼 수 있단 말이냐? 이런 물음으로 육박해 들어올 것이 뻔한데, 어떤 신의 이름을 대면 그들이 믿고 따라 나올 것이냐는 것이 문제였던 것입니다.

그런데 놀라웁게도 하비루 노예들은 좀 망설이기도 하고 원망도 하면서도 따라나섭니다. 야훼는 이미 그들 사이에서 정평이 있었던 것입니다. 다른 하비루 노예들의 신들처럼 야훼는 일시적으로 고통을 쓰다듬어 잊게나 하는 신이 아니었던 거죠. 적당히 순종하며 하루하루 연명하는 슬기나 가르쳐 주는 신이 아니었던 거죠. 길고 긴 저항과 투쟁의 역사가 있었다고 보아야 지요. 백 번 넘어지면 백 한 번 일어나는 오뚝이죠 뭐. 앉아서 살기보다는 서서 죽기를 원하는 오늘 한국의 젊은이들의 모습이죠 뭐.

야훼의 이름을 부르는 하비루들의 꺾이지 않는 저항 정신에서 다른 하비루 노예들은 자기들의 앞장을 서 줄 신을 보고 있었던 것 아니겠습니까? 때리면 더 강해지고, 감옥에 처넣으면 더 눈이 빛나고, 목을 치면 솟구치는 피 하늘을 물들이는데, 이건 정말 어떻게 해 볼 도리가 없는 인종이죠. 나는 이런 오뚝이를 '난 발바닥으로'라는 시로 이렇게 읊어 보았습니다.

하느님
이 눈을 후벼 빼 보시라구요
난 발바닥으로 볼 겁니다

이 고막을 뚫어 보시라구요

난 발바닥으로 들을 겁니다

이 코를 틀어막아 보시라구요

난 발바닥으로 숨을 쉴 겁니다

이 입을 봉해 보시라구요

난 발바닥으로 소리칠 겁니다

단칼에 이 목을 날려 보시라구요

난 발바닥으로 당신을 생각할 겁니다

도끼로 이 손목을 찍어 보시라구요

난 발바닥으로 풍물을 울릴 겁니다

창을 들어 이 심장을 찔러 보시라구요

난 발바닥으로 피를 콸콸 쏟으며 사랑을 할 겁니다

장작더미에 올려놓고 발바닥째 불질러 보시라구요

젠장 난 발바닥 자국만으로 남아

길가의 풀포기들하고나 사랑을 속삭일 겁니다

야훼는 이런 하비루들의 외침인 거죠. 이를테면 발바닥 외침이요, 발바닥 사랑인 거죠. 굽이굽이 한 많은 가슴들에서 울려 나오는 깊은 산 메아리인 거죠.

이 야훼라는 터무니없는 신은 무섭게 질투하는 신입니다.(출 20 : 5, 신 5 : 9) 그 대신 왕궁의 거물들의 사랑 같은 건 거들떠보지도 않습니다. 오로지 하비루 노예들의 사랑이면 그만인 것입니다. 그

대신 그 사랑만은 독차지해야 하겠다는 것입니다. 왜? 몰라서 묻는 거냐? 세상이 거들떠보지도 않는 천덕꾸러기 하비루 노예들에게 나는 나의 전부를 쏟아 주고 있다. 그걸 보고도 모르겠느냐?

이렇게 야훼는 하비루 노예들과 하나인 것입니다. 하비루 노예들의 아픔, 한숨, 아우성, 절망이 그대로 야훼의 아픔이요, 야훼의 한숨이요, 야훼의 아우성이요, 야훼의 절망인 거죠. 그의 사랑 하비루들이 아픔과 절망에 싸여 한숨짓고 울부짖는데, 거대한 사원 높은 옥좌에 앉아 제사나 즐기고 있을 수 없는 거죠. 하비루들의 가슴에서 한숨이 터져 나오기도 전에 가슴이 메어지는데, 그들이 아우성치기도 전에 벌써 눈앞이 캄캄해지는데, 그들의 기도를 언제 기다리고 있겠느냔 말입니다.

너희의 한숨에 가슴이 메이는데
찬양은 무슨 찬양이냐?
갈대바다를 건너기 전에는
거문고도 비파도 난 들을 수 없다

는 것 아닙니까? 당신이 계시는 곳이 성소라면, 야훼의 성소는 하비루 노예들의 아픈 상처요 깜깜한 절망일 수밖에 없는 것 아니겠습니까? 왜냐하면 야훼는 거기서 한순간도 떠날 수 없으시기 때문입니다. 기도가 마음과 마음의 메아리라면, 하비루 노예들의 한숨과 아우성이 기도인 거죠. 그것은 하비루 노예들의 기도인 동시에 야훼의 기도인 거죠. 두 아픈 마음의 부딪침에서 치솟는 불길이지요.

야훼는 하비루 노예들과 함께 이 불기둥을 따라 갈대 바다를 건너 광야로 자유를 향해 탈출합니다. 그 전에 에집트에는 열 가지 재앙이 내리지요. 그 큰 콧대를 꺾어 주는 겁니다. 백성이야 죽든 살든 나 몰라라 하며 제 배만 불리는 것들의 뒤통수를 치는 겁니다. 도저히 도저히 뉘우쳐 사람다운 사람이 되리라는 기대를 가지지 않으면서도, 당신이 야훼라는 것을, 하비루들의 신이 누구라는 것을 가르쳐 주려고 눈에서 불이 나게 한 대 세게 먹여 주는 거죠.

이렇게 해서 역사가 이루어진 것 아닙니까? 히브리 민중사의 새 장이 열린 거죠. 히브리 노예들 속으로 사라져 들어간 야훼의 발자국이 인류 역사에 뚜렷이 찍히기 시작한 거구요.

누구를 통해서? 모세를 통해서.

위대한 지도자 모세를 통해서?

아닙니다. 야훼의 한숨 소리에 가슴이 울려 온 모세는 위대한 지도자도 파라오의 왕궁에서 최고의 학문을 닦은 인텔리도 아무것도 아니었습니다. 그는 실의와 좌절에 빠진 별 볼 일 없는 한 양치기에 지나지 않았습니다. 남의 양이나 지켜 주는 한낱 하비루가 되어 있었던 것입니다. 파라오 왕궁의 음식 맛, 그 영화와 안일은 이미 그의 몸 어디에도 남아 있지 않았습니다. 다시 말하지만 그는 한 목자일 뿐이었습니다. 그 대신 낮이면 해가 병을 주어 사람을 쓰러뜨리고 밤이면 달이 사람을 미치게 하는 가도 가도 끝없는 사막, 길 없는 길을 안내할 수 있고 휘몰아치는 모래바람을 뚫고 나가는 끈기와 기술만은 터득해 알 수 있게 된 것 아니겠습니까?

야훼께서 하비루들과 하나인데 양 꽁무니나 따라다니는 목자 주제에 무얼 가지고 거들먹거리겠어요? 그도 야훼처럼 하비루와 하나로서 살아감으로 지도자(?)라면 대지도자가 된 거죠. 오늘 우리 앞에 나타난 모세는 왕궁사가들의 손으로 대지도자로 각색된 것이 사실입니다만.

드디어 하비루 노예의 무리들은 에집트 탈출에 성공합니다. 탈출이라는 말보다는 해방이라는 말이 좋겠지요. 과월절이라는 말보다는 해방절이라는 말이 훨씬 더 실감나지요.

"아, 자유!"

얼마나 그리던 자유던가! 그리도 그리던 자유가 40년 광야 유랑의 자유라니. 그러나 그것은 분명 자유의 시련이었습니다. 너무나 오랜 노예생활에 길들여진 하비루들에게 있어선 퍽 소중한 시련이었습니다.

우선 그들은 시나이산에서 하비루들의 모든 사이비 신들을 버리고 야훼만을 중심으로, 그의 뜻만으로, 그와 함께 살아가는 신앙공동체, 생활공동체를 형성하는 계약을 맺습니다. 이건 다짐입니다. 에집트에서 당하던 온갖 억울한 일들이 우리들 사이에서는 절대로 재현되어서는 안 된다는 것을 서로 하느님 앞에서 다짐하는 것이었습니다.

그리고 거기서 전투 대열을 갖추어 가지고(민수기) 행군을 개시합니다. 요르단강을 건너 약속의 땅을 침략하려고? 그게 아닙니다. 그들은 침략군이 아니고 해방군입니다. 에집트의 지배를 벗어버리려는 농민군의 해방전쟁이 거기서도 치열히 벌어지고 있었습니다. 에집트를 떠난 하비루 해방군은 가나안의 농민해방군과 합세하여 출애굽에서 시작된 해방전쟁을 끝내려고 요르단강을 건너게 되는 것입니다.

해방전쟁 1

• • •

"에집트에서 종살이하다가 도망쳐 나온 사람들이 40년 후에는 침략군으로 변신하고 마는군요. 그리고 하느님은 그 침략전쟁을 거룩한 전쟁이라고 부추기고. 이거 어디 되겠습니까?"

내가 신학교에서 구약성서의 역사를 강의할 때, 흔히 학생들이 들이대는 질문이었습니다. 게다가 그 전쟁이라는 게 잔인하기 그지없었으니 말입니다. 아 글쎄 아말렉이 아무리 밉기로서니, 어쩌면 그런 명령을 내립니까? 명색이 신이라면서. 어떤 못할 명령을 내리셨기에 그러느냐고 하시겠지요. 사무엘 상권 15장을 찾아 읽어 보시라구요.

"너는 당장에 가서 아말렉을 치고 그 재산을 인정사정 볼 것 없이 모조리 없애라. 남자와 여자, 아이와 젖먹이, 소떼와 양떼, 낙타와 나귀 할 것 없이 깡그리 죽여야 한다."(삼상 15 : 3)

사무엘을 통해서 사울에게 내린 하느님의 명령입니다. 부녀자들은 비전투원인데 그들마저 깡그리 죽이라는 겁니다. 게다가 죄 없는 동물들까지. 그나 그뿐입니까? 가장 집기, 옷가지 같은 것도 다 없애 버리라는 것 아닙니까? 완전 파괴를 명령하시는 겁니다. 이렇듯 잔인무도한 명령을 내리는 하느님을 믿어? 어림도 없는 소럽니다.

그런데 이렇듯 잔인한 침략전쟁을 정당화시켜 주는 것이 있었습니다. 그것이 선민(選民)신앙입니다. 하느님께 특별히 선택된 민족은 침략전쟁을 해도 좋은 것이요, 비전투원까지 다 도륙해도 좋다는 신앙입니다. 이거 될 말입니까?

그런데 유다교와 기독교는 이 선민신앙을 내걸고 온갖 침략전쟁을 하느님의 이름으로 해 온 것입니다. 아프리카에 가서 흑인들을 붙잡아다가 짐승처럼 부려먹으면서도 백인 기독교인들은 양심의 가책 하나 없이 하느님을 예배할 수 있던 것 아닙니까? 남북미주에서 고도의 문화를 이룩하고 살고 있던 홍인종들을 무자비하게 도륙하고 그 땅을 빼앗은 것이 다 백인 기독교인이 아닙니까? 그들은 세계 약소민족들을 억압 착취해서 부자 나라로서 잘살아 가면서, 이 모든 것을 하느님의 축복이라고 믿고 할렐루야를 노래했던 것 아닙니까? 벼룩도 낯짝이 있는데, 사람이 사람의 낯을 쓰고 어쩌면 그럴 수 있었을까요?

그릇된 종교가 얼마나 사람을 악독하게 만들 수 있느냐는 것을 보여 주는 좋은 보기가 아니겠습니까? 독선적인 종교가 얼마나 철면피하게 될 수 있느냐는 좋은 보기가 바로 기독교 2천 년 역사라고 해도 되는 것 아닐까요?

그러면, 모세가 죽은 다음 여호수아가 후계자로서 이끌고 들어가 가나안 땅을 점령한 하비루 부대는 과연 침략군이었던가?

아닙니다. 그들은 해방군입니다. 앞에서도 보았듯이 가나안의 농민들은 에집트의 지배에서 벗어나려고 여러 세기에 걸쳐 싸우고 있었습니다. 농사가 전연 되지 않는 변두리 사막지대를 강도떼로 몰려다니는 하비루들과 합세하는 경우도 물론 많았던 것 같습니다.

여호수아가 이끌고 들어간 하비루 부대도 가나안 내부에서 반에집트 기치를 들고 일어선 농민해방군과 합세하여 에집트의 지배를 추방하는 해방전쟁에 뛰어들었던 겁니다. 그것은 우선 에집트 지배자들의 앞잡이가 되어 있는 도시국가들을 타도하는 일이었지요.

그러고 보면, 출애급은 탈출이 아니라 해방전쟁의 시작이었다는 말이군요. 맞습니다. 가나안에서 이미 벌어지고 있는 농민해방군의 해방전쟁에 가세하기 위한 것이었다고 해도 될 것입니다. 그들 가운데는 야곱의 후손들처럼 에집트라는 외세를 몰아내고 잃었던 옛 생활 터전을 찾으려고 옛 선조들의 고향을 찾아 되돌아오는 사람들도 있었죠.

출애급이 하비루들에게는 탈출이었지만, 하비루들의 신 야훼에게는 해방전쟁이었다는 기록은 출애급 15장에 남아 있는 유명한 '모세의 노래'입니다. 에집트의 그 혹독한 종살이에서 벗어나 구원받은 감격이 생생하게 살아 있는 노래입니다.

나는 야훼님을 찬양하련다
그지없이 높으신 분

기마와 병거를 바다에 처넣으셨에라

……

야훼님은 용사

그 이름 야훼시어라

파라오의 병거와 군대를 바다에 처넣으시니

빼어난 장교들이 갈대바다에 잠겼구나

……

야훼님이여, 당신의 오른손은 힘차 영광스럽습니다

당신의 오른손이 원수를 짓부수었습니다

무서운 힘으로 당신은 적들을 꺾으셨습니다

불타는 분노로 원수를 검불처럼 살라 버리셨습니다

(출 15:1~7)

  이 노래는 본래 모세의 누이 미리암이 불렀던 승전가였다고 보
는 것이 맞을 것입니다. 다윗이 불레셋 장군 골리앗을 죽이고 개선
할 때, 여인들이 모든 성읍에서 나와 소구를 치고 환성을 올리며
꽹과리에 맞추어 노래하고 춤추며, 개선하는 장군을 환영하지 않
습니까?(삼상 18:6~7) 그처럼 미리암이 소구를 들고 나서자 모
든 여자들이 소구를 들고 나와 미리암을 따르며 춤을 추었다는 것
아닙니까? 그때에 미리암이 메겼다는 노래가 바로 '모세의 노래'
첫 구절이거든요.
  개선군을 환영하는 것이 여인들이었다는 건 당연한 일 같군요.

전쟁에 진다는 건 여인들에게 있어서 사랑하는 사람을 잃는 일인 동시에 자신들은 적군에게 무참하게 짓밟히는 일이기 때문이죠.

이 노래에서 야훼는 '용사'입니다. 군인이라는 말입니다. 야훼는 본래 전쟁신이었던 것 같습니다. 만군의 야훼라는 말도 야훼가 전쟁신이었다는 걸 잘 보여 줍니다. 만군이라는 말은 중국말 성서에서 온 말이지요. 만군은 萬軍입니다. 언젠가 목사님들에게 성경을 가르치다가 만군이 무엇인지 아느냐고 물었더니 정답을 아는 분이 하나도 없었습니다. 대개 萬君일 거라고 하는 데에는 놀라지 않을 수 없었습니다. 그래서 우리는 이 말을 '대원수'라고 옮겼는데, 그 말이 만군이라는 말보다 오해할 여지가 없는 것입니다.

이스라엘 종교의 중심에는 야훼의 계약궤가 있지요? 그 속에는 십계명을 새긴 두 돌판이 있다는 것 아닙니까? 그런데 그 계약궤라는 게 전쟁과 깊은 관계가 있습니다. 계약궤가 진지를 떠날 때면, 모세가 이렇게 외쳤다는 것 아닙니까?

야훼여 일어나십시오.
당신의 원수들을 쫓으십시오.
당신의 적들을 쫓아내십시오.
(민 10 : 35)

계약궤가 머무를 때면 "야훼여 돌아오십시오. 이스라엘 군대에

복을 내리십시오"하고 외쳤다는 것 아닙니까? 사무엘이 어렸을 때 이스라엘이 불레셋에게 참패를 당한 일이 있지요? 그러자 이스라엘은 계약궤를 메어 옵니다. "야훼여 일어나십시오. 당신의 원수들을 쫓으십시오"하면서 옮겨 왔겠지요. 그 계약궤가 전선에 다다르자 전군은 땅이 진동하게 함성을 올립니다. 그 소리를 듣고 불레셋은 "이스라엘의 신이 적진에 왔으니, 이제 우리는 망했다"고 외치며 결사적으로 싸워서 이기고 계약궤를 빼앗아 갔다가 되레 당한다는 이야기가 있지요.(삼상 4) 전쟁신 야훼의 모습이 너무나 생생하지 않습니까?

야곱의 신이 '강자'(창 49 : 24, 사 1 : 24)였다면, 그의 신도 전쟁신이 아니었을까요. 이사악의 신은 '두려움'(창 31 : 42, 53)이었던 것 같습니다. '두려움'도 전쟁신이었다고 보아 거의 틀림이 없을 것 같습니다. 아브라함의 신이 '방패'(창 15 : 1)였다면, 이건 더욱 의심할 여지 없이 그의 신이 전쟁신이었다는 걸 보여 주는 것 아니겠습니까? 다윗의 집은 베들레헴 아닙니까? 그런데 베들레헴은 '레헴의 신전'이라는 뜻이겠는데, 레헴은 전쟁이라는 히브리어와 어근이 같습니다. 다윗이 야훼 신앙으로 개종하기 전의 신 '레헴'도 전쟁신이 아니었을까요?

이것은 이 네 인물들이 다 전쟁을 직업으로 살아가는 하비루였다는 것을 말해 준다고 하겠습니다. 다윗이 전형적인 하비루였다는 것은 앞으로 다시 자세히 이야기할 기회가 있을 것입니다. 세 족장 가운데는 아브라함을 히브리인이라고 한 데가 꼭 한 군데 있지요.(창 14 : 12) 거기서 아브라함은 군인 아닙니까? 후세의 사가들이 자기들의 조상에게서 하비루인의 인상을 철저하게 씻어 냈는데, 바로 여기서만은 그것이 남아 있었다고 볼 수 있을 것 같습니다.

아브라함의 하느님, 이사악의 하느님, 야곱의 하느님, 다윗의 하느님이 전쟁신이었느냐는 것은 가설이라고 접어 둘 수 있어도, 모세의 하느님 야훼가 전쟁신이었다는 것은 너무 확실합니다. 그러고 보면 비전투원까지 몰살하라는 야훼의 전쟁 명령을 이해할 수도 있는 것 아니겠습니까?

그렇다면 평화의 복음을 예수 그리스도에게서 받은 그리스도인들이 어떻게 이렇듯 잔인한 야훼를 믿고 예배할 수 있을 것인가 하는 지극히 당연한 질문이 머리를 쳐듭니다. 그리고 이것은 너무너무 심각한 문제입니다. 안 그렇습니까?

야훼는 분명히 전쟁신이었습니다. 거친 들판을 주름잡는 무법자들의 신이었고, 전쟁을 직업으로 살아가는 용병들의 신이었습니다. 그런데 그 전쟁신이 모세에게 와서 억눌린 노예들의 해방을 위해서 나서는 신으로 변신합니다. 야훼는 여전히 전쟁신이지마는 약탈과 침략을 일삼는 전쟁신에서 강대국 에집트의 억압에 깔려서 죽어가는 노예들의 해방전쟁에 앞장을 서는 전쟁신으로 탈바꿈을 하는 것입니다. 이것은 하비루뿐 아니라 인류사상 새로운 하느님 경험이라고 하겠습니다.

야훼는 노예들의 절망 속에서 찢어지는 아픔으로 경험된 겁니다. 그는 그들의 한숨과 피눈물 속에 슬픔으로 언제나 임재하시는 임마누엘이었습니다. 그들의 절망 속에서 절망할 수 없는 절망으로 임재하시는 야훼의 신음 소리가 노예들을 눈 뜨게 합니다. 피라밋의 무게로 짓누르는 지배자들의 억압을 밀어 올리고 떨쳐 버릴 수 있는 용기와 힘을 줍니다. 이런 걸 믿음이라고 하는 걸까요? 믿음이라는 말은 너무 추상적입니다. 이런 초인적인 용기와 힘으로 떨치고 일어나지 않는 믿음은 감정의 유희죠. 있으면 좋지만 없어도 아쉬운 대로 참을 수 있는 장식품이지요.

온몸으로 밀고 나가는 용기와 힘으로, 하비루-노예들은 갈대바다를 건너고 40년 광야의 시련을 거쳐서 마침내 목적지 가나안으로 요르단강을 건너 들어갑니다. 앞에서도 이미 말했듯이, 그때는 농민혁명군들이 가나안 내부에서 에집트의 괴뢰인 도시국가의 영주들과 피투성이 싸움을 하고 있었습니다. 농촌에서 밀려난 떨거지들이 광야와 사막을 떠도는 강도떼 하비루가 되는가 하면, 지배자들의 손이 미치지 않는 산속으로 들어가서 산을 일궈 농사를 지으면서 지배자들에게 항거하는 사람들도 있었을 것 아닙니까? 그들의 신이 '엘 샫다이'라는 것은 그럴 만한 까닭이 있었습니다. 엘은 히브리어로 신이라는 말인데, 그 뜻은 '힘'입니다. '샫다이'의 어원은 산(山)을 말하는 것이거든요. 엘 샫다이는 산에서 사는 화전민들의 신, 거기를 거점으로 지배자들에게 항거의 기치를 들고 일어난 임꺽정이나 장길산이나 전봉준의 신이었다 해도 되는 거죠.

산속으로 밀려 들어가서 에집트 세력에 항거하는 혁명군들의 신이 '엘'이었다는 데도 그럴 만한 이유가 있었습니다. 엘 신은 당시 가나안을 지배하는 바알 신에게 뒷전으로 밀려난 신이었거든요. 농민혁명군은 에집트에 붙어 농민들의 피를 빨아먹는 지배자의 신 바알을 거부한 것이었지요. 지배자를 밀어 내는 일은 그들의 종교를 거부하는 데서 시작되었던 겁니다. 이를테면 지배자의 지배 이데올로기를 거부하는 데서 시작되었다는 말이 되겠습니다.

이 농민해방군의 본격적인 거점은 어디였던가? 그것은 아무래도 중부 산악지대의 중심지 세겜이었던 것 같습니다. 여호수아가 점령했다는 가나안의 도시들 가운데는 세겜이 들어 있지 않습니다. 그 후에도 세겜이 점령되었다는 기록은 발견되지 않습니다. 게다가 여호수아가 가나안에 발을 들여놓기 훨씬 전에 세겜이 하비루에게 점령되었다는 기록이 에집트에서 발견되거든요. 그 하비루들은 엘 신을 예배하는 농민혁명군이었을 것입니다.

야훼를 앞장세우고 에집트 지배에 도전하여 밖에서 들어오는 하비루의 무리와, 엘 신을 모시고 에집트의 세력을 가나안에서 몰아내려고 안에서 일어난 농민혁명군 하비루가 젖과 꿀이 흐르는 가나안에서 합세해서 반에집트 해방전쟁을 치루다 보니, 야훼와 엘은 다른 두 신이 아니라 한 신이라는 걸 알게 되지요. 아브라함에 관한 후대 역사가의 기록에서 이런 대목이 발견됩니다.

"야훼께서 아브라함에게 말씀하시기를 '나는 엘 샤다이다'……."
(창 17:1)

야훼, 내가 곧 엘 샤다이라는 것 아닙니까? 엘 샤다이도 야훼처럼 억압과 착취 아래서 피눈물을 삼키는 농노들의 절망 속에서 아픔으로 경험된 신이었습니다. 아픔으로 농노들의 눈을 뜨게 하고 항거의 횃불을 들게 하는 용기와 힘을 주는 신이었던 거죠. 같은 신인데 두 이름이 무슨 필요가 있겠습니까? 그래서 공동의 신명으로 채택된 것이 야훼였습니다. 해방전쟁의 주도권이 밖에서 들어온 유목민 하비루의 손에 있었다는 말이 되겠습니다. 그들은 전쟁이 전문인 하비루였으니까요. 농민들이야 아무리 악이 바쳐 싸운다고 해도 본래 기질이 착한 데다가 전쟁이 전문이 아닌 사람들이었으니까요.

이렇게 해서 에집트의 지배를 떨쳐 버리는 해방전쟁이 본격화합니다. 그게 (얼마나) 계속되었는지 아세요? 자그마치 이백 년 이상이나 계속됩니다. 에집트를 대신해서 가나안의 지배자가 된 불레셋을 꺾고 다윗이 통일왕국을 세우기까지, 이건 결코 짧은 기간이 아닙니다. 정말 끈질긴 투쟁이라고 하지 않을 수 없습니다. 이백 년에 걸친 해방전쟁—이건 광야 40년의 다섯 배나 되는군요.

어떻게 얻은 해방, 어떻게 얻은 자유인데, 다윗 왕국의 수립과 함께 그들은 다시 무서운 시련에 부대끼게 됩니다. 해방이나 자유는 결코 기득권일 수 없나 보지요? 그것은 영원히 투쟁을 통해서 전취되는 것일 뿐인가 봅니다. 그 전취의 과정 과정에서 승리의 축제로 누릴 뿐인가 봅니다.

해방전쟁 2

•••

　살이 마구 짓뭉개지고 뼈가 바수어지는 종살이를 털어 버리고 갈대 바다를 건너 에집트를 탈출한 하비루들의 앞에 기다리고 있는 것은 끝없이 황량한 사막이었습니다. 낮이면 온몸을 지져 대는 불볕, 밤이면 온몸으로 파고드는 한기와 싸워야 하는 사막 말입니다. 분단 43년, 지루하고 괴로왔지요. 그러나 해방된 하비루 노예들이 일진일퇴 죽음과 싸우며 헤맨 광야 40년에 비하면 약과라고 해야 할지도 모르죠.

　분단 43년 민족 수난사 속에 묻혀 버리지 않고 6월민중항쟁을 이룩하고 이제 바야흐로 민족사의 요르단강 앞에까지 이르게 한 것은 무엇이었습니까? 그건 민주화와 민족자주 그리고 민족통일 아니었습니까? 그것이 바로 오늘 우리를 이끌어 온 약속 아니었습니까? 그처럼 저 하비루들에게도 약속이 있었습니다. 그들은 그 약속에 매달려 40년간 사막의 숨막히는 절망을 절망하지 않고 견뎌 낼 수 있었던 겁니다. 그 약속이라는 게 '땅'이었습니다. '젖과 꿀이 흐르는 땅'이었습니다. 오늘 이 땅의 농민들에게 내일을 약속하는 것이 있다면 그게 바로 '땅'일 수밖에 없듯이 말입니다. 지지고 볶아 대는 태양의 뜨거운 열기 속에서도 하비루들은 오로지

이 '땅'의 약속을 믿고 버틸 수 있었던 겁니다.

"나는 이 땅을 너에게 주어 차지하게 하려고 너를 갈대 아우르에서 이끌어 낸 야훼다."(창 15:7)

이것이 하느님께서 아브라함에 내리신 약속이었습니다. 성서의 기록대로라면 이건 생억지같이 보입니다. 남이 부쳐 먹고 사는 땅을 빼앗아 주겠다는 말로 들리거든요. 그런데 그게 아닙니다. 그게 아니라 빼앗긴 땅을 도로 찾아 주시겠다는 말입니다. 에집트와 그 앞잡이인 도시국가 영주들의 이중 억압 밑에서 시달리다 시달리다 마침내 땅을 빼앗기고 쫓겨나 부랑자로 떠도는 신세가 된 하비루들에게 땅은 그대로 뼈에 새겨진 한이었던 거죠. 이렇게 하느님의 약속은 하비루 노예들의 한풀이였던 것입니다.

그 한풀이, 곧 하느님의 약속을 성취하려고 하비루 부대가 마침내 요르단강을 건넙니다. 주전 13세기 중엽이었습니다. 약속의 땅을 향해서, 빼앗겼던 땅을 도로 찾으려는 농민해방군의 해방전쟁이 한창 벌어지고 있는 싸움터를 향해서, 이에 합세하려고.

모세의 뒤를 이어 그들을 이끌고 요르단강을 건너는 사람, 여호수아는 누구인가? 그의 이름에 있는 '여호'는 하비루의 신의 이름 '야훼'의 한 변형입니다. '수아'는 '구원하신다' 혹은 '승리하신다'는 뜻입니다. 이 이름이 후에는 '예수아'가 되는데, 이 말을 그리스어로 적어 놓으니까 '예수'가 된 거지요. 이를 테면 여호수아는 하비루의 예수였던 거죠.

여호수아서 24장을 읽어 보면, 여호수아는 죽기 전에 온 이스라엘 지도자들을 세겜에 불러 모으고 야훼의 이름으로 맺은 계약을 갱신하지요. 앞에서 이미 지적했듯이 세겜이 농민혁명군의 거점이었다면, 여호수아는 본래 농민혁명군 두목의 하나였다고 보는 것이 자연스럽지 않을까요? 농민혁명군 두목의 하나로서 하비루 부대의 지원을 얻으려고 모세의 휘하에 들어갔다가, 모세가 죽은 다음 그들을 이끌고 농민해방전쟁의 선두에 서서 쳐들어간 것이라고 보는 게 옳을 것 같습니다.

그리고 보면 여호수아라는 이름은 그가 모세의 막료로 들어갈 때 받은 새 이름이라고 생각할 수 있지 않겠습니까?(민 13 : 16) 그때까지 그는 농민혁명군의 신 '엘 샫다이'의 신봉자였을 테니까요. 그는 출애굽의 신 야훼의 이름으로 가나안에 사는 농민들의 출애굽 전쟁에 몸을 던지게 된 셈입니다. 에집트의 멍에를 벗어 버리는 첫 출애굽은 가나안에 들어가서 여호수아의 영도 하에 계속된 거라고 하겠습니다. 이를테면 에집트에 열 재앙을 쏟아붓고 하비루들을 거기서 탈출시킨 야훼의 전쟁과 가나안의 농민들을 에집트의 사슬에서 해방시키려는 엘 샫다이 신의 전쟁은 자연스럽게 한 전쟁의 연속이 된 거죠. 이리하여 여호수아에게서, 야훼와 엘 샫다이는 한 신이 되었던 것이 아니겠습니까? 이름만 다를 뿐 사실은 한 신이었다는 고백이 가능하게 되었던 거죠.

우리는 종교 간의 경쟁과 알력이 얼마나 심각해질 수 있느냐는 걸 잘 압니다. 가르멜 산상에서 엘리야와 바알의 예언자들이 대결한 이야기는 너무나 유명한 이야기 아닙니까? 솔로몬이 죽은 다음 남북 왕조로 갈라지기까지는 엘 신과 야훼 사이에는 그런 분쟁이 전혀 없었습니다. 게다가 하비루 부대와 농민군 사이에 주도권 싸움을 한 흔적이 전연 보이지 않습니다. 이런 점들로 보아 여호수아는 농민군 두목으로서 하비루 부대의 지휘권마저 한 몸에 지녔던 것이라고 보는 것이 옳다는 결론을 내려도 별 무리가 없을 것 같습니다.

여기서 우리는 여호수아와 갈렙의 이야기에 눈을 돌릴 필요가 있습니다. 갈대 바다를 건너 에집트를 탈출, 카데스바르네아에 다다랐을 때의 일이지요. 모세는 열두 지파에서 한 사람씩 뽑아 가나안을 탐정하러 보냅니다. 그들이 40일 만에 포도송이를 꺾어서 막대기에 꿰어 둘러메고 석류와 무화과도 따 가지고 와서(민 13 : 23), 백성들을 낙담시키는 말을 하지요. 거기 사는 사람들은 키가 장대 같아 그 앞에 선 저희가 메뚜기같이 보였다는 겁니다. 그 보고를 들은 사람들은 절망에 빠져 통곡하면서 에집트로 돌아가자고 수선을 떨었던 것 아닙니까? 그때 믿음을 가지고 하느님의 말씀대로 쳐 올라가자고 주장한 사람은 여호수아와 갈렙이었습니다.(민 14 : 6~7) 그런데 민수기 13장을 보면 갈렙 혼자 그런 주장을 한 걸로 되어 있거든요.(민 13 : 30, 신 1 : 36 참조) 아마도 그 자리에 여호수아는 없었을 겁니다. 후대의 역사가가 갈렙의 신앙 영웅담에 여호수아의 이름을 붙인 거라고 보는 게 맞는 것 같습니다.

여호수아가 이스라엘 열두 지파에게 땅을 나누어 줄 때, 난데없이 갈렙이 불쑥 나타나 유다 남쪽에 있는 헤브론 땅의 소유권을 주장합니다. 그때 그는 이렇게 말합니다.

"야훼의 종 모세가 이 땅을 정탐하라고 나를 카데스바르네아에서 파견하였습니다. 나는 마음에 믿어지는 바를 그에게 보고하였습니다. 나와 함께 올라갔던 형제들은 백성의 용기를 꺾어 주었지만, 나는 야훼 나의 하느님께 충성을 다 바쳤습니다. 그날 모세는 이렇게 맹세하였습니다. '네가 나의 하느님 야훼께 충성을 다했으니 네 발이 닿는 땅은 영원히 너와 네 자손의 유산이 되리라.'"(수 14:7~9)

카데스바르네아에서 모세가 파송한 사람은 갈렙 하나였던 것 아닙니까? 다른 사람들이 백성의 용기를 꺾어 줄 때에 하느님께 충성을 다한 사람은 갈렙 하나였습니다. 그는 혼자서 남쪽으로 쳐올라가 그 지방의 지배자들인 거인족을 몰아내고 빼앗겼던 땅을 도로 찾아 하비루들의 세계를 세우는 데 성공했던 것입니다.

그는 전형적인 하비루였습니다. 농사가 거의 되지 않는 광야를 떠도는 무법자의 두목이었으니까요. 그의 이름부터가 여호수아처럼 고상한 이름이 아니었거든요. 갈렙은 개(켈렙)같이 물어뜯는 자라는 뜻이었습니다. 당시의 지배계층에서 보면 그는 개 같은 놈이었지요.

여호수아와 갈렙은 너무 대조적인 인물이었습니다. 갈렙이 사회적으로 멸시와 천대를 받으면서도 자신들의 해방을 위해 물불을 가리지 않고 싸우는 하비루들의 두목이었다면, 여호수아는 농민해방군과 하비루 부대를 연합해서 통솔하는 위풍당당한 장군이었습니다.

이 연합군의 첫 작전이 예리고 아니었습니까? 그런데 그 예리고에는 이 두 세력이 접선하는 아지트가 있었더군요. 그것이 바로 라합이라는 창녀의 집이었습니다. 하비루 중의 하비루인 다윗이 라합의 4대손이거든요.(마 1 : 5~6) 그 집이 하비루 부대와 농민군이 접선하는 아지트가 되어 있었다는 건 우연이 아니었던 거죠.

예리고성은 이스라엘 백성이 엿새 동안 하루 한 번씩 돌다가 이레 되는 날 일곱 바퀴를 돌고 나팔소리를 따라 함성을 지르자 와르르 무너졌다고 기록되어 있지요. 과연 그랬을까요? 그건 어디까지나 예리고성이 하느님의 개입으로 힘 안 들이고 점령되었다는 걸 강조하기 위한 것이었을 뿐, 전투가 없었다는 걸 말하고 있는 건 아니죠. 그렇게 점령될 것이었다면 탐정꾼은 무엇하러 보냈겠습니까? 여호수아 24장 11절을 보면 예리고인들도 여호수아 부대의 공격에 맞서는 부족들 가운데 하나였다는 걸 알 수 있거든요.

여호수아 6~7장의 기록은 승전 기념 축제행사가 어떤 것이었느냐는 걸 짐작하게 해줍니다. 그 행사가 진행되는 동안 누군가 예리고성의 극적인 함락을 소리 높이 낭송했을 것 아닙니까? 그것이 바로 여호수아 6~7장에 기록되어 있는 거죠. 그렇기 때문에 그 기록은 역사적인 기록이 아니라 축제 낭송용 기록이었다고 보는 것이 옳을 것입니다.

예리고의 극적인 함락 기록이 말해 주는 건 무엇일까요? 밖에서 지르는 함성을 신호로 예리고성 시민들이 떨치고 일어나 지배자들을 물리치고 성문을 열어 하비루군을 맞아들인 것을 말하는 게 아닐까요? 농민군이 이미 잠입해 들어가 있었을 수도 있구요. 이렇게 시작된 에집트의 지배세력축출전쟁, 농민해방전쟁은 여호수아 당대에는 팔레스티나 중부 산악지대를 해방시키는 것으로 끝났던 것입니다. 서남쪽 바닷가에는 불레셋이 여전히 도사리고 있었고, 북쪽 곡창지대에는 가나안 옛 지배자들의 마지막 세력이 버티고 있었거든요.

때는 청동기시대가 끝나고 구철기시대가 시작되는 때였습니다. 그때 청동기 무기도 제대로 갖추지 못한 하비루-농민 연합군(이미 야훼를 섬기는 이스라엘이라는 부족동맹을 형성해 가고 있었습니다)의 앞을 막아선 이 두 세력은 이미 철무기를 사용하고 있었습니다. 사사기 4장 3절을 보면 북쪽에서 마지막 저항을 편 가나안 옛 지배자들은 철병거를 구백 대나 가지고 있었습니다. 사울과 요나단이 불레셋군에 참패를 당해 전사할 수밖에 없었던 것은 청동무기가 철무기를 당해 낼 수 없었다는 데 큰 원인이 있습니다. 그때 이스라엘에는 대장장이가 하나도 없었다는 것 아닙니까? 불레셋이 히브리인들에게 칼이나 창 같은 걸 만들지 못하게 했거든요. 그래서 이스라엘 사람들은 보습이니 곡괭이, 도끼, 낫 등을 벼리려면 불레셋 사람들이 사는 데로 내려가지 않으면 안 되었다고 하거든요. 보습이나 괭이를 벼리는 값은 10분의 1 세겔이었다는 기록마저 남아 있습니다. 그래서 전쟁이 터졌을 때 사울과 요나단을 따르는 무리는 칼도 창도 없었다는 겁니다.(삼상 13 : 19~22) 다윗이 불레셋을 꺾을 수 있었던 것은 그가 사울을 피해 불레셋에 몸을 붙이고 사는 동안 쇠를 다루는 기술을 배울 수 있었기 때문이 아닐까요?

청동무기로 철무기를 당해 내지 못할 때, 이 약자들이 개발한 기막힌 무기가 있었습니다. 바로 돌팔매입니다. 다윗이 던진 돌팔매에 골리앗의 6백 세겔 나가는 쇠창날은 아무 힘도 쓸 수 없었거든요. 베냐민 지파에는 머리카락 한 올도 빗나가지 않게 맞추는 돌팔매질의 명수가 칠백 명이나 있었다는 기록이 있습니다.(판 20 : 16) 돌팔매―이건 아마 칼이나 창을 살 돈이 없는 가난한 하비루들의 비장의 무기가 아니었을까요?

이스라엘 전 역사에서 가장 비극적인 영웅은 삼손 아닙니까? 그러나 우리는 그가 불레셋에 개인적인 보복을 하다가 비극적인 생을 마친 영웅이라고 생각해서는 안 됩니다. 그는 에집트를 대신하여 가나안을 지배하는 불레셋의 지배를 벗어나려고 싸우는 해방전쟁에 뛰어들었다가 죽은 비극의 주인공이었다고 보아야 합니다. 그가 죽은 다음 그가 속해 있던 단 지파는 불레셋의 등쌀을 견디다 못해 북쪽으로 집단이동을 하고 맙니다.(판관기 17, 18장 참조)

새로 형성되어 가는 새 공동체 이스라엘은 불레셋 피지배자들과 싸우는 동시에 북쪽의 곡창 이즈르엘 골짜기에 배수의 진을 치고 위협해 오는 구지배 세력을 박멸해야 했습니다.

이 일에 앞장선 것은 남자가 아니라 여자였군요. 이름은 드보라. 그가 이스라엘을 다스리는 판관으로서 에브라임 산악지대 라마와 베델 사이에 있는 드보라의 종려나무 밑에 자리를 잡으면, 이스라엘 백성은 그에게 와서 재판을 받곤 했습니다. 그는 판관인 동시에 여예언자였습니다.(판 4 : 4~5) 그의 적수는 가나안 왕 야빈이었습니다. 그 군대 지휘관은 시스라였고, 드보라는 야빈의 지배 아래서 고생하는 납달리 지파 사람 바락을 불러 이릅니다.

"이스라엘의 하느님 야훼께서 이렇게 명령하셨소. '너는 납달리 지파와 즈불룬 지파에서 만 명을 뽑아다 다볼산으로 이끌고 가거라. 그러면 나는 야빈의 군대 지휘관 시스라를 키손강으로 유인해 내겠다. 내가 그의 전군을 병거대까지 유인해 내다가 네 손에 붙이리라.'"(판 4 : 6~7)

즈불룬 지파도 납달리 지파와 함께 북쪽 변방에서 살면서 야빈의 지배 아래서 고생하고 있었습니다. 바락은 자신이 없어 드보라가 같이 간다면 가겠다고 하지요.

이게 바로 문제인 50퍼센트 믿음이라는 겁니다. 믿을 바에야 1백 퍼센트를 믿을 일이지. 그래서 바락은 큰 공을 세우고도 적장의 목을 베는 최고의 영광을 여인의 손에 넘겨주게 됩니다.

시스라는 바락의 군대가 다볼산으로 올라갔다는 소문을 듣고 철병거 구백 대를 앞장세우고 전군을 몰아 키손강으로 집결합니다. 변변한 무기도 없는 농민군쯤 일거에 박멸할 수 있다고 생각했던 거죠. 이건 1백 퍼센트 믿음인데, 자멸을 초래하는 믿음이었습니다. 군대의 힘을 믿는 믿음은 50퍼센트라도 불신앙이 있었더라면 좋을 뻔하지 않았을까요? 밥을 먹여 주고 옷이나 입혀 주는 상전을 위해 싸우는 군인들은 해방을 부르짖으며 일어선 군대 앞에서는 이미 회오리바람에 날려 가는 검불에 지나지 않았던 거죠.

걸음아 날 살려라며 도망치던 시스라의 눈에 안성맞춤인 은신처가 보였습니다. 평소 우호관계를 맺고 지내던 켄 사람 헤벨의 아내 야엘의 장막이 눈에 들어왔던 겁니다. 이번에도 1백 퍼센트 믿음인데, 관자놀이에 말뚝이 꽂히는 믿음이었습니다. 헤벨의 가문이 자기와 우호관계를 맺고 지냈지만, 그건 자기가 갖고 있던 권세와 부 때문이라는 걸 생각 못했던 거죠. 허무한 오산이었을 겁니다.

이리하여 에집트의 앞잡이로 농민들을 억압하고 착취하던 가나안 구세력의 마지막 저항이 무너진 겁니다. 승전가가 자연스레 터져 나왔지요.

이스라엘의 용사들이 머리를 풀고
민병대는 앞으로 전진하니,
야훼를 찬양하여라!

......

이스라엘의 사령관들을 생각하니

자원해서 나선 민병대원들을 생각하니

나의 심장이 뛰는구나.

너희는 야훼를 찬양하여라.

......

위로 하늘에선 별들이 싸웠다.

궤도를 돌며 시스라를 쳤다.

키손의 물결이 앞을 막았다가

저들을 쓸어 갔다, 키손의 물결이.

......

야훼여, 임의 원수들은 모두 이처럼 망하고

임을 사랑하는 이들은

해처럼 힘차게 떠오르게 하소서.

(판 5)

　유명한 드보라의 노래입니다. 이 승전이 얼마나 감격스러운 것이었느냐는 게 실감나게 출렁이는 노래입니다. 그런데 이 노래에는 즈불룬, 납달리 지파 외에도 에브라임, 베냐민, 마길, 이싸갈, 르우벤, 길르앗, 단, 아셀 등 여러 지파들이 언급되어 있는데, 하비루 전통을 대표하는 유다 지파는 언급조차 되어 있지 않습니다. 이상하지요? 그러나 이상할 것 하나 없습니다. 이 싸움은 농민군이 주력을 이루고 있는 북방 지파들의 전쟁이었기 때문입니다. 하비루가 주력을 이루고 있는 남쪽 유다의 싸움은 불레셋과 벌어지고 있었으니까요. 유다 지파 출신 다윗이 일어나 불레셋을 굴복시킴과 동시에 2백 년에 걸친 농민해방전쟁은 대단원에 이르는 겁니다. 다음은 그 이야기를 쓸 차례군요.

해방전쟁 3

...

"그때는 이스라엘에 왕이 없어서 사람마다 제멋대로 하던 시대였다."(판 21 : 25)

이 글은 분명히 왕국이 세워진 후 왕실 사가의 필치죠. 왕이 없었기 때문에 무정부 상태였다는 것이니까요. 이를테면 사람마다 제멋대로 사는, 질서 없는 혼란기였다는 말이겠습니다. 과연 그랬을까요?

도시국가의 억압과 착취를 털어 버리고 에집트의 멍에를 벗어버린 하비루들과 농민들은 이제 지배자가 없는 사회를 형성하고 특히 잘사는 사람도 없고 별로 못사는 사람도 없는 고른 사회를 이루고 자유롭게 살고 싶었던 것 아니겠어요? 왕실 사가의 눈에 그건 분명 혼란기로 보였을 겁니다.

아주 혼란이 없었던 건 아니겠지요. 힘이 좀 더 센 사람이 힘없는 사람을 괴롭히거나 재산을 억지로 빼앗는 일도 있었을 거구요, 머리가 좋고 욕심도 많은 사람이 남보다 재산을 불리는 적도 있었겠지요. 이래서 불평등이 생기면, 힘없는 사람 돈 없는 사람은 힘 있는 사람, 돈 있는 사람에게 억울한 일을 당하기 마련 아닙니까? 사람이란 예나 지금이나 다르지 않으니까요.

그리되면 사람들은 동네 어른들을 찾아가서 호소하지 않았겠어요? 그때 어른들 가운데서도 특히 존경받는 사람들이 모여 앉아서 시비를 가려 주는 거죠. 성서는 그들을 장로라고 불렀습니다. 그리고 재판정은 흔히 성문께였습니다. 룻기 4장을 보면 이 장로들이 성문께서 보아즈가 룻의 상속권을 사는 법적인 절차를 밟는 게 재미있게 그려져 있습니다.

내가 성문께로 발을 옮겨
성문 앞 광장에 자리를 잡으면
젊은이들은 나를 보고 비켜 서고
노인들은 자리를 털고 일어났네.
(욥 29 : 7~8)

이건 욥이 온 마을의 존경을 받으며 살아가던 때를 회고하며 읊조린 대목입니다. 거기서 욥이 한 일은 어떤 일이었습니까? 그것은 사람들이 무얼 어떻게 하며 살아갈지를 가르치는 일이었고, 목메어 우는 사람의 억울함을 풀어 주는 일이었습니다.(25절) 도와 달라고 아우성치는 빈민들, 의지할 데 없는 고아들을 곤경에서 구해 주는 일이었고(12절), 과부의 서러움을 기쁨으로 바꾸어 주는 일도 했으며(13절), 소경에게는 눈이, 절뚝발이에게는 다리가 되어 주는 일도 했지요.(15절)

그래서 거지들은 그를 아버지로 여기게 되었고, 낯선 사람들도 그에게 와서 억울함을 호소했던 거죠.(16절) 어떻게 그런 사람이 되었을까요? 그것은 그가 정의와 공평을 옷 입고 언제나 약자의 편을 들어 바른 판결을 내려 주는 판관이었기 때문입니다.(14절) 억울하게 만드는 것은 언제나 강자이기 때문에 법은 약자에게 유리하도록 해석하게 되어 있는 법입니다.

화들짝 놀라세요? 법이란 언제나 강자에게 유리하게 해석되고 적용되는 걸 밥 먹듯 물 마시듯 보아 온 우리가 그처럼 놀라는 것도 무리는 아니죠. 그러나 사실은 법이란 언제나 약자에게 유리하게 해석되고 적용되는 것이 원칙입니다.

사람들이 많이 모여 북적거리는 성문 앞이 법정이었다면 이건 공개재판이었다는 말 아니겠어요? 만인이 보는 앞에서 만인이 수긍할 수 있는 재판이어야 했다는 말이겠지요. 재판이 잘못되었다고 생각되면 이의를 제기하는 수도 있었겠지요. 또 그 이의에 그럴 만한 근거가 있으면 즉석에서 재심도 했을 테고요. 드보라의 경우를 보면 그의 법정은 종려나무 아래였더군요.(판 4 : 5) 사무엘은 베델과 길갈과 미스바와 라마를 돌면서 온 이스라엘을 다스렸다고 하는데(삼상 7 : 15~17), 구체적으로 그가 한 일은 무엇이었을까요? 그것은 바로 약자의 억울함을 풀어 주는 일, 곧 재판을 하는 일이었습니다. 순회판사였던 거죠. 물론 약자라고 해서 잘못했는데도 편들어 주라는 말은 아니죠. 법은 만인에게 공평해야 하니까요.

외적의 침입만 없었다면 이 새 공동체는 자유와 평등의 두 기둥에 떠받들려 평화스럽게 지속되었을 겁니다. 그런데 이 평화스러운 평등사회는 끊임없이 외적의 침입으로 위기에 직면하게 됩니다. 그때마다 하느님의 영을 받아 이 새 공동체를 지키는 용사가 대두하지요. 이들도 판관이라고 불리는데 삼손과 기드온이 그 대표적인 예이겠지요. 입다는 창녀의 몸에서 난 사람으로서 집에서 쫓겨나 건달패들을 모아서 비적떼의 두목이 되었다가(판 11 : 3), 겨레를 암몬인의 공격에서 구하고 판관이 됩니다.

그들은 이 공적으로 상당한 특전을 누립니다. 기드온 같은 사람은 아들만 70명이나 있었다니까 알 만하지 않습니까?(판 8 : 30) 그래도 그는 왕이 되어 달라는 백성들의 요구를 "그대들을 다스릴 분은 야훼시오"라는 말로 거절하지요. 그의 아들 아비멜렉은 왕이 되어 보려고 하다가 백성들의 저항에 부딪쳐 죽고 말고요.(판 9)

이들이 판관이라고 불려지는 걸 보면 백성들 가운데 시비를 가릴 일이 생기면 그들도 재판을 했던 것 같습니다. 새 공동체의 전통을 이어받은 장로들이 옆에 없었다면, 그들은 아마 강자로서 강자의 편을 들어 주는 억울한 재판을 했을 것 아니겠습니까?

판관 가운데서는 사무엘이 아마 가장 모범적이요 존경받는 인물이 아니었을까 싶습니다. 그는 사울에게 나라를 맡기는 자리에서 이렇게 말합니다.

"내가 누구의 소를 빼앗은 적이 있느냐? 누구의 나귀를 빼앗은 적이 있느냐? 내가 누구를 억압하고 누구를 착취한 일이 있느냐?

누구에게 뇌물을 받고 눈감아 준 일이 있느냐?"(삼상 12 : 3)

그런데 그의 두 아들은 아버지의 권위를 발판으로 브엘세바에서 판관이 되었지만, 제 잇속만 차리고 법대로 재판을 하지 못했다는 기록을 남기는군요.(삼상 8 : 3) 애석한 일이 아닐 수 없습니다.

마침내 이 평등 사회는 한 영웅의 힘만으로 지켜낼 수 없는 강적의 위협을 받게 됩니다. 새로운 실험이 그 한계성을 드러냈다는 말이겠습니다. 그 강적이라는 것은 철무기를 휘두르며 달려드는 불레셋이었습니다. 이 불레셋 앞에서는 삼손의 초인적인 힘과 용기도 비극으로 끝날 수밖에 없었습니다. 백성들은 사무엘에게 다른 나라들처럼 왕을 세워 나라를 지키게 해 달라고 요청합니다. 이해할 만하지요?

"당신은 이제 늙고 아드님들은 당신의 길을 따르지 않으니 다른 모든 나라처럼 왕을 세워 우리를 다스리게 해주십시오."(삼상 8 : 5)

이 요청에 사무엘은 왕의 지배를 받는 일이 어떤 것인지를 일러줍니다.

"왕은 너희 아들들을 데려다가 병거대나 기마대의 일을 시키고 병거 앞에서 달리게 할 것이다. 천인 대장이나 오십인 대장을 시키기도 하고, 그의 밭을 갈거나 추수를 하게 할 것이며, 보병의 무기와 기병의 장비를 만들게도 할 것이다. 또 너희 딸들을 데려다가 향료를 만들게 하고 요리나 과자를 굽는 일도 시킬 것이다. 너희의 밭과 포도원과 올리브 밭에서 좋은 것을 빼앗아 자기 신하들에게 줄 것이며, 곡식과 포도에서도 십분의 일 세를 거두어 자기의 내시와 신하들에게 줄 것이다."(삼상 8 : 10~18)

그래도 백성들이 다른 나라처럼 왕을 세워야겠다고 고집하니까 하느님께서는 이를 허락하십니다.

서양의 정치학자들은 "정치적인 선택은 차악(次惡)을 택하는 것"이라고들 하나 본데, 이스라엘은 외적의 침입이라는 시련 앞에서 차선(次善)도 아닌 차악, 덜 나쁜 걸 택했던 것입니다. 차선도 못 되는 차악을 언제나 정치적인 선택으로 택해야 한다면, 이건 정말 서글픈 일이 아닐 수 없습니다. 그러나 그게 사실인 데는 어쩔 도리가 없는 거죠. 권력이 한 사람의 손에 쥐어지는 전제군주제도 아래서는 최악이 아니라 차악으로 감지덕지하라는 말이죠. 하지만 최악이냐 차악이냐 하는 악순환에서 벗어나 최선이냐 차선이냐 하는 정치적인 선택을 하게 되려면, 권력을 한 사람의 손에서 빼내서 만인의 것으로 만들어야 하지 않을까요? 그걸 위해서 인류가 아직도 고투를 하고 있다 생각하면 한심하다고밖에 할 말이 없군요.

마을마다 파마다 자치하며 평등을 누리는 최선을 전제군주제도라는 차악으로 지키려고 했으니, 이건 죽 쑤어 개 주는 격이었습니다. 또 호박 쓰고 돼지 굴로 들어가는 격이었던 거고요. 그것도 민중해방전쟁의 막바지에 말입니다.

사무엘은 사울을 찾아 왕으로 세웁니다. 사울은 베냐민 지파 마드리 갈래 사람으로 아버지는 키스라는 이름을 가진 사람이었습니다. 또 그에게는 요나단이라는 기막힌 아들이 있었는데, 그는 지용(知勇)이 뛰어난 용사였지요. 그의 지파 베냐민은 세겜이 있는 에브라임 지파와 하비루 전통이 강한 유다 지파 사이에 끼어 있는 작은 지파였지만, 사울은 늘 북방 이스라엘-농민혁명군 전통에 서 있는 사람으로 간주되었습니다. 이건 무얼 말하는 것일까요? 이것은 땅이 없이 떠도는 하비루의 세력보다는 땅을 가지고 있는 농민혁명군 세력이 새 공동체 형성에서 유리한 고지를 차지하고 있었다는 말이 되는 거죠.

주도권은 비록 농민혁명군 쪽에 있었지만, 그들은 하비루군보다 전쟁에 있어서는 한 수 아래였습니다. 사울이 실패한 불레셋 전쟁에서 다윗이 승리자가 될 수 있었던 것은 바로 이 점에 있었던 거 아니겠습니까?

사울은 판관들 시대의 민족 영웅의 모습을 잘 보여 줍니다. 요르단강 동쪽에서 살던 암몬족이 쳐들어온 일이 있었습니다. 그 소식을 사울은 밭을 갈다가 소를 몰고 돌아오는 길에 듣습니다. 순간 하느님의 기운(영)이 그를 내려덮치죠. 사울은 크게 분기가 솟아 겨릿소 한 쌍을 끌어다가 각을 떠 이스라엘 전 지역에 보내면 서 전갈을 보냅니다.

"누구든지 사울과 사무엘을 따라나서지 않는 자는 이 모양이 되리라."(삼상 11:7)

이 전갈을 듣고 온 이스라엘이 떨쳐 일어나 암몬을 쳐 이기고 사울을 왕으로 모시게 됩니다.

암몬에게는 단판 승부로 일격을 가할 수 있었지만, 불레셋은 그게 아니었습니다. 그를 따르는 농민군은 3천 병거, 6천 기병의 뒤를 따르는 셀 수 없는 불레셋 대군 앞에서 저마다 굴이나 바위틈이나 구멍이나 웅덩이에 숨거나, 요르단 여울을 건너 줄행랑을 놓는 것이었습니다. 길갈에 진을 치고 있던 얼마 안 되는 그의 부대들도 모두 떨고 있었다고 기록되어 있군요.(삼상 13:5~8)

이 전쟁이 상전 불레셋의 굴레를 벗어 버리려는 해방전쟁이었다는 것을 우리는 알 수 있습니다. 요나단이 거느린 천 명 부대가 기브아에 있는 불레셋 부대를 친 일이 있었는데, 그로써 불레셋 사람들 사이에는 히브리인들이 반기를 들었다는 소문이 퍼졌다고 기록되어 있거든요.(삼상 13:2~3) 사해 가까이 서북쪽에 있는 기브아에 불레셋 수비대가 배치되어 있었다면, 이스라엘이 완벽하게 불레셋의 지배 아래 있었다는 것은 의심할 나위가 없는 거죠. 따라서 요나단이 기브아의 불레셋 부대를 쳤다면 이건 분명 반란이었던 거죠. 불레셋은 요나단이 거느린 농민군도 히브리, 곧 하비루라고 보았던 겁니다. 에집트도 그렇게 불렀지만, 불레셋도 반란군을 도매금으로 하비루라고 불렀던 것이니까요. 요나단이 거느린 천 명 중에는 물론 하비루 출신이 적잖이 있었겠지만 말입니다.

길갈 전투에서 이스라엘군이 대승을 거둔 데는 요나단의 용기가 큰 몫을 담당한 것이 사실이지만, 그에 못지않게 큰 몫을 담당한 것은 불레셋 부대에 편입되어 있던 하비루 부대의 반란이었습니다. 요나단은 단신으로 무기당번 한 명만 거느리고 적진으로 들어갑니다. 그들은 첫 접전에서 하루갈이 밭을 반 이랑 젖히듯 20명 가량 쳐 죽이죠. 그러자 불레셋에 용병으로 붙어먹고 살아가던 하비루 부대가 이스라엘군에 가세해서 불레셋군을 쳐 죽이는 데는 불레셋군으로서도 당해 낼 길이 없었던 거죠.(삼상 14 : 21)

이 패전으로 물러설 불레셋이 아니었습니다. 장소는 어딘지 알 길이 없으나, 불레셋군과 이스라엘군은 다시 '느티나무 골짜기'(삼상 17 : 19)를 사이에 두고 대치하고 있었습니다. 불레셋은 거인 골리앗을 내세워 이스라엘의 신 야훼를 모욕하며 싸움을 걸어오는데, 이스라엘군은 그를 맞받아 한판 승부를 낼 장수가 없어 모두들 숨을 죽이고 오들오들 떨고 있는 판국이었습니다. 이런 판국에 나이 어린 양치기 다윗이 하비루의 비장의 무기 돌팔매를 가지고 골리앗을 때려눕히지요. 들어도 들어도 신나는 이야기지만 여기서 되풀이하지는 않겠습니다.

개선하고 돌아오는 이스라엘군을 맞는 아낙네들이 그만 실수를 합니다.

사울은 수천을 치셨고
다윗은 수만을 치셨다네.
(삼상 18 : 7)

민초를 적에게서 지켰다는 큰 기쁨이 임금 자리를 빼앗길지도 모른다는 생각에 무산되어 버리고 만 것 아닙니까? 눈앞이 아찔해진 겁니다. 딱한 노릇이지요. 사울의 비극은 자업자득이라고 치더라도 요나단의 비극은 정말 가슴 아픈 일이군요. 요나단이 다윗을 감싸고 돈 것을 보면 그의 인품이 얼마나 선량하고 그의 도량이 얼마나 컸었느냐는 건 알고도 남음이 있지 않습니까?

사울이 다윗을 잘 거느렸다면 어김없이 요나단이 왕위를 이었을 것이고, 다윗은 그를 도와 훌륭한 장군으로 신명을 바쳐 나라를 지켰을 것입니다. 그랬더라면 두 나라로 갈려 싸우다가 강대국들의 밥이 되는 비극도 막을 수 있었지 않았을까요? 집권자가 사리사욕사감에 매여 국사를 그르친다는 게 얼마나 무서운 일이냐는 걸 절감하게 되는군요. 그것은 자신의 파멸에 그치는 것이 아니라 민초의 막대한 희생까지 강요하는 것이 되니까요.

맹장 중의 맹장 다윗의 부대가 빠져나간 사울의 군대는 허울만의 군대였지요. 그런 군대가 길보아산에서 박살이 나고 사울도 죽습니다. 그 훌륭한 아들 요나단도 함께 전사하지요. 얼마나 애석합니까? 그러나 정말 통분할 것은 수백 년에 걸친 민중해방전쟁이 이 막바지에 물거품이 되었다는 사실입니다.

다윗은 이제 목동으로 돌아가 거문고를 뜯으며 만가를 부릅니다.

너 이스라엘의 영광이

산 위에서 죽었구나.

아, 용사들은 쓰러졌구나.

이 소문을 갓에 알리지 말라.

아스클론 거리에 퍼뜨리지 말라.

불레셋 계집들이 좋아하고

오랑캐 계집들이 좋아 날뛸라.

……

……

이스라엘의 딸들아,

주홍색 옷을 입혀 주고 그 옷에 금장식을 달아 주던

사울을 생각하고 통곡하여라.

아, 용사들이 싸움터에 쓰러졌구나,

요나단이 산 위에서 죽었구나.

나의 형, 요나단, 형 생각에 나는 가슴이 미어지오.

형은 나를 즐겁게 해주더니

형의 그 남다른 사랑

어느 여인의 사랑도 따를 수 없었는데.

아, 용사들은 쓰러지고

무기는 사라졌구나.

(삼하 1 : 19~27)

다윗은 여기서 당시 민중의 절망을 읊고 있는 겁니다. 이렇게 다윗의 가슴은 아직 민중에 닿아 있었던 거죠. 민중의 애환, 민중의 절망에 닿아 있는 시인을 가진다는 것은 얼마나 다행한 일입니까? 사울도 가고 요나단도 갔으니 이제 기회는 내게 왔다고 기뻐하는 것이 아니라, 요나단과 주고받던 우의와 사랑으로 가슴 메어하는 마음, 비록 자기를 죽이려고 했던 사람이었지만 그의 비극을 아파하는 마음, 이것이 바로 민중의 뜨거운 마음, 바다같이 너그러운 마음인 거죠. 민중의 해방을 위해서 같이 싸우던 전우에 대한 쓰린 애도의 정을 우리는 이 만가에서 느낄 수 있지 않습니까?

이런 인정, 이런 인간미는 윗동네에는 없는 겁니다. 남을 밀치고 짓밟으며 쟁탈전의 명수들만이 올라가는 저 윗동네에는 말이지요. 정치란 냉혹한 현실이라고 하지만, 그것도 사람이 하는 건데 인정과 인간미가 가미되어서 나쁠 것 없지 않습니까? 아니, 정치에서 이런 인정, 이런 인간미가 풍겨 나와야 좋은 게 아닐까요? 그런데 이 향기는 민중에게서밖에 나오지 않으니…….

다윗은 땅도 없이 떠도는 하비루 중의 하비루로 자랐습니다. 여덟 형제 중의 막내로서 귀여움도 받았겠지만 천대도 받았습니다. 노래 솜씨, 이야기 솜씨에 무용(武勇)까지 겸비해서 왕의 측근으로 발탁되고 부마까지 되지만, 장인이자 임금인 사울의 손에 여러 차례 죽을 고비를 넘기고 쫓겨나 떠도는 신세를 겪으면서 그는 민중일 수밖에 없었지요. 그에게서 이런 민중의 인정, 민중의 인간미가 담뿍 풍겨 나온다는 것은 너무나 당연한 일이었지요.

그런데 그 다윗마저 임금이 되어 왕궁생활에 익숙해지면서 전제군주가 되어 갔다는 건 애석한 일이 아닐 수 없습니다. 올챙잇적 생각을 잊지 않는 개구리가 된다는 것은 정말 어려운 일인가 봅니다. 민중해방전쟁을 대단원으로 장식한 장본인이 민중의 억압자가 되었다는 사실은 우리가 깊이 되새겨 볼 일이 아닐까요?

이제 하비루 중의 하비루인 다윗의 장단점과 성패, 공과를 다음에 이야기해 보기로 합시다. 그것은 다윗의 이야기에서 민중사를 찾아내는 일이기도 합니다.

해방전쟁 4

···

    가나안의 곡창지대인 이즈르엘 샘가에 진을 친 이스라엘군을 치려고 불레셋군이 아벡에 집결해 있을 때의 일이었습니다. 그때 다윗은 휘하 부대를 거느리고 상전 아기스를 따라 불레셋군의 일부로 전쟁에 임하고 있었지요. 다윗의 부대를 본 불레셋 지휘관들은, "이 히브리 놈들이 왜 여기 와 있느냐?"라고 묻습니다.

    이 물음에는 세 가지 뜻이 있습니다. 첫째는, 저희가 이스라엘의 상전이라는 뜻입니다. 이스라엘은 저희가 마음대로 부려먹을 수 있는 종이라는 말도 되는 거구요. 필요하면 용병으로 사들여서 전쟁에 앞장세울 수 도 있다는 말도 되구요. 그렇기 때문에 아기스(갓의 왕)가 다윗 부대를 고용한 것은 하나도 이상할 것이 없군요.

    저 물음에서 두 번째로 우리가 캐낼 수 있는 뜻은 지배권 도전을 받는 지배자의 노기 같은 거죠. "이 하비루 놈들이 무엄하게도 우리에게 반기를 들다니. 이런 고얀 놈들이 있나." 이런 노기 띤 호통 소리가 들려오지 않습니까?

    그러면 저 물음에 담겨 있는 세 번째 뜻은 무엇일까요? 그것은 두려움입니다. 하비루 반란군의 세력이 만만치 않다는 걸 불레셋 지배자들은 살갗으로 느끼고 있었던 겁니다. 길갈 전투에서 요나단의 편에 붙어 상전을 배반함으로 뼈아픈 패전을 안겨 준 하비루 용병 부대를 저들은 생생하게 기억하고 있었던 거죠. 덕분에 다윗은 야훼께 기름부음 받아 왕이 된 사울을 치는 전투에 가담하지 않게 됩니다.

다윗은 사울이 자기를 추격하는 일을 단념시킬 목적으로 불레셋으로 망명하기로 결심합니다. 그렇게 결심하고 찾아간 것이 갓이라는 도시국가의 영주 아기스였습니다. 그때 그의 휘하에는 그와 생사를 같이하는 장졸이 육백 명이나 있었습니다.(삼상 27:2) 그때로서는 대부대라고 하지 않을 수 없습니다. 게다가 그 육백 명이 잘 조련된 정예부대라는 걸 감안하면, 그들이 참으로 막강한 부대였으리라는 건 짐작하고도 남는 일이 아니겠습니까?

뿐만 아니라, 그들은 다윗을 위해서라면 목숨을 초개처럼 버릴 수 있는 사람들이었습니다. 역대기 상권 11장 15~19절을 보면, 다윗이 너무 목이 타서 "베들레헴 성문께 있는 우물물을 길어다 줄 사람이 없을까?" 하고 중얼거리자, 그의 삼십인 부대 가운데 세 사람이 불레셋 진을 뚫고 들어가서 그 물을 길어 온 일이 있었거든요. 다윗은 "이 물은 그냥 물이 아니야. 이건 이 세 사람의 피와 다름없어. 그런데 내가 어찌 이 물을 마셔?" 하면서 끝내 그 물을 마시지 않습니다. 베들레헴은 다윗의 고향 아닙니까? 그 성문께 있는 물맛을 다윗은 너무나 잘 알고 있었던 거죠. 그런데 그리로 가는 길을 불레셋군이 장악하고 있는 겁니다. 목은 타고 그 물 생각은 간절하고 한데, 그리로 가는 길은 적의 수중에 들어 있었습니다. 그래서 중얼거린 건데, 딱이 그 물을 누군가 길어다 주기를 바란 것도 아니었지만, 두목의 심정에 목이 멘 부하 셋이 목숨을 내걸고 가서 물을 길어 온 겁니다. 이 작은 이야기에 담겨 있는 두목과 부하 사이의 인정과 의리는 제도적인 권력을 등에 업은 지휘관과 부하 사이에서는 보기 드문 것 아닙니까? 그건 정말 죽어도 같이 죽고 살아도 같이 살아야 하는 깡패나 강도떼들 속에서나 찾아볼 수 있는 것 아니겠습니까?

아기스는 다윗의 청을 들어서 다윗을 사막지대 요새인 시글락으로 보내어 변방을 지키도록 합니다. 그런데 다윗은 거기서 엉뚱한 짓을 하는군요. 그는 그술족과 기르스족과 아말렉족을 털고는 그들이 불레셋에 고해바치지 못하도록 전멸시키곤 하였다는 겁니다. 그들은 분명 불레셋과 한패가 되어 그 일대를 억압 착취하는 종족이었던 것입니다. 아기스는 멋도 모르고 묻습니다. 누구를 치고 오는 거냐고. 그러면 다윗은 시침 딱 떼고 말합니다.

"유다 남부와 여라므엘족이 사는 남부, 켄족이 사는 지방 남부를 털어 오는 길입니다."

이 지방은 하비루들의 해방구였던 겁니다. 아기스는 그런 줄도 모르고 이제 다윗은 제 동족들의 미움을 샀기 때문에 완전히 제 부하가 되었다고 안심하는 것이었습니다.(삼상 27 : 12) 다윗은 불레셋 전쟁을 하는 척할 뿐 실상은 시종일관 하비루의 해방전쟁에 신명을 바치고 있는데 말입니다.

다윗이 아기스의 휘하에 들어가 시글락의 영주가 되기까지 그는 사실 강도떼의 두목이었습니다. 그가 사울의 추격을 피해서 몸을 숨기고 있던 유다 광야는 농사가 거의 되지 않는 곳으로서 목자들이 양들에게 풀이나 뜯기는 곳이었습니다. 거기는 굴들이 많아서 강도들의 은신처로서는 안성맞춤이었습니다.

　사울은 다윗을 잡으려고 대군을 휘몰아 이 잡듯이 했지만 번번이 그를 놓치지요. 놓치는 정도가 아니라, 도리어 두 번씩이나 다윗의 손에 죽을 뻔하지 않습니까? 강도떼가 적은 수로 신출귀몰 대군을 우롱할 수 있는 곳이 다윗이 사울을 피해서 숨어 지내던 유다 광야였던 겁니다.

　다윗의 둘레에 모여든 사람들이 강도떼가 되기에 꼭 알맞은 사람들이었다는 기록이 남아 있군요. 다윗이 아둘람이라는 굴에 있을 때였습니다. 다윗의 형들과 그의 온 집안은 이미 사울과는 한 하늘을 이고 살 수 없었던 겁니다. 그들이 그리로 피할 수밖에 없었던 건 더 말할 나위도 없었지요. 그밖에도 억눌려 지내는 사람들, 빚을 지고 허덕이는 사람들, 온갖 불평을 품은 사람들이 그에게로 모여들었다는 것 아닙니까? 다윗은 그렇게 모여든 사백 명가량 되는 사람들의 두목이 되었다는 겁니다.(삼상 22 : 1~2) 억눌려 지내면서도 찍 소리 않고 죽으라면 죽는 시늉을 하면서 살아가는, 길들여진 짐승 같은 사람은 그에게로 오지 않는 겁니다. 이에 반해서 불평을 품는 사람들만이 그에게로 모여온 거군요. 짓눌려도 짓눌려도 죽어 버리지 않는 생존권 주장이 불평으로 터져 나오는 것 아닙니까? 불평으로 터져 나오는 생존권 주장이 정의의 불길인 거구요. 이 불길이 꺼진 정의감은 한낱 관념일 뿐 혁명의 힘이 될 수가 없는 거구요. 그에게로 모여든 불평객들이 그와 함께 혁명세력이 되는 거구요. 그러나 그들은 그와 함께 강도떼는 의적이 되는 것이었고 하비루 해방군이 되는 것이었습니다. 당장 먹고 살기 위해서는 강도떼가 되는 수밖에 없었던 거죠.

하지만 그는 남을 털어서 제 배나 불리는 강도떼에 멎어 있을 수는 없었습니다. 그에게는 하비루의 해방을 꿈꾸는 시인의 낭만이 있었기 때문입니다. 그리하여 그와 함께 강도떼는 의적이 되는 것이었고 하비루 해방군이 되는 것이었습니다. 그가 임꺽정, 홍길동, 장길산 같은 의적의 두목이었다는 걸 잘 보여 주는 기록이 있군요. 양과 염소가 4천 마리나 있는 큰 부자가 가르멜 곡창지대에 있었습니다. 그의 이름은 나발―미련둥이였습니다. 그의 미련함은 인색하고 난폭한 성품으로 나타났습니다. 그러나 그의 아내는 재색을 겸비한 여자였습니다. 이름은 아비가일.

나발이 양털을 깎고 있다는 소식을 듣고 다윗은 부하 몇 사람을 보내서 식량이라도 좀 보태 달라는 부탁을 드리는데 나발은 이를 거절합니다. 거절하는 정도가 아니라, 모욕을 줍니다.

"요즘은 주인에게서 뛰쳐나온 종놈들이 저마다 두목이 되는 세상이란 말이야……."

이 말을 듣고 다윗은 화가 머리끝까지 치미는 겁니다. 부하 사백

명을 거느리고 나발의 일가를 멸족시키려고 길을 떠나지요. 나발이 다윗이 보낸 사람들을 푸대접해 보냈다는 소식을 아비가일은 일꾼들에게서 듣게 되지요.

"다윗이 광야로부터 사람들을 보내어 우리 주인께 추수하면서 무엇 좀 보내 달라고 했는데, 주인께서는 그들을 푸대접해 돌려보냈습니다. 그들은 우리를 괴롭히기는커녕 도리어 우리가 양을 치는 동안 우리를 성처럼 감싸 주었습니다."

아비가일은 이 말을 듣고 지체하지 않고 떡 이백 개, 술 두 부대, 요리한 양 다섯 마리, 볶은 밀 열 말, 건포도 백 뭉치, 말린 무화과 과자 이백 개를 나귀에 싣고 다윗을 맞으러 길을 떠납니다. 이렇게 해서 아비가일은 다윗이 괜히 동족의 피를 흘리는 것을 막았을 뿐 아니라, 다윗의 사랑을 받는 아내가 되기까지 하지요.

다윗은 죄 없는 양민을 해치는 강도떼가 아니라, 그들을 강도떼들에게서, 또 지배자의 횡포와 수탈에서 지켜 주는 보호자였던 겁니다.

다윗의 의적다운 모습은 침략자 아말렉에게서 빼앗은 전리품을 동족에게 골고루 나누어 주는 데서도 찾아볼 수 있습니다.(삼상 30 : 26~31) 그의 동족이란 강자의 억압에서 해방을 받아야 하는 민중이었거든요. 자신은 이 해방전쟁의 마지막 대단원을 향해서 혼신의 힘을 다 쏟고 있는 형편이었고, 한번 피를 보고 나면 피를 보는 일 자체를 쾌감으로 느끼는 일반 강도의 잔인성을 넘어가는 그의 모습에서 우리는 의적다운 모습을 볼 수 있을 것 같습니다. 일반 강도들의 잔인성을 넘어가되 의리로 넘어가는 데 그의 의적다운 모습이 잘 나타나는 것이 아닐까요?

다윗은 자기를 죽이려고 혈안이 되었던 사울이 죽었다는 소식을 듣고 목 메이는 만가를 부르는 정도가 아닙니다. 완전히 제 손안에 들어온 사울에게 손 하나 대지 않고 그를 살려 보냅니다. 사울의 왕관과 팔찌를 빼 가지고 와서 크게 공을 얻을 줄 알고 제 손으로 사울의 목숨을 끊어 드렸다는 사람을 다윗은 죽이는 겁니다. 의리 없는 변절자요 기회주의자를 그는 용납할 수 없었던 거죠.

경쟁 관계에 있던 하비루의 농민혁명군 세력이 사울의 생전에 이미 적대 관계로 발전되었지만, 사울이 죽은 다음 그 관계는 더욱 악화되어 드디어 혈전으로 발전합니다. 사울의 부하였던 아브넬은 사울의 아들 이스보셋을 옹립하고 요르단강 동쪽 마하나임으로 건너가서 사울 왕국을 재건하려고 합니다. 이리하여 죽느냐 사느냐 하는 치열한 싸움이 두 세력 사이에서 벌어집니다.

그럴 만한 계기가 있어서 아브넬이 다윗에게 항복해 옵니다. 다윗이 그를 융숭하게 대접해서 돌려보냈다는 걸 알고 다윗의 장군 요압은 속임수를 써서 아브넬을 죽입니다. 이것은 다윗의 아래 있는 장군답지 못한 처사였습니다. 항복해 온 적장에 대한 당연한 도리를 저버리는 일이요, 떳떳지 못한 일이었던 거죠. 게다가 이건 국가 대사를 사감으로 처리한 일이기도 했습니다. 그건 아브넬이 제 동생 아사헬을 전쟁터에서 죽인 일에 대한 사사로운 보복이었기 때문입니다.(삼하 2:23) 다윗은 이를 결코 용납할 수 없었습니다. 다윗은 죽기 전에 솔로몬에게 요압을 처단할 것을 부탁하면서 이렇게 말하지요.

"전시의 원수를 평화 시에 갚음으로 그 피를 나의 허리띠와 신발에 묻혔다."(왕상 2:5)

아브넬의 죽음을 애도하여 부른 만가에도 그 심정이 잘 드러납니다.

> 아브넬이 어이없이 개죽음을 당하다니!
> 손이 묶이지도 않았고
> 발에 쇠고랑을 차지도 않았는데
> 불한당에게 맞아 쓰러지듯 죽었구나.
> (삼하 3:33~34)

다윗은 자기의 장군 요압을 불한당이라고 부르기까지 하거든요. 아브넬의 억울한 죽음의 책임을 물어 요압을 처치하는 일은 아들 솔로몬에게 맡기는데, 사울을 죽였다는 사람과 이스보셋을 죽여 통일왕국을 이룩하는 데 결정적 기여를 한 림몬의 두 아들은 다윗이 직접 제 손으로 죽이죠.(삼하 4:5~12) 그들의 손과 발을 잘라 헤브론 못가에 매달게 하고 이스보셋의 머리를 거두어 아브넬의 무덤에 정중하게 장사 지내 줍니다.

그러면서 왜 요압은 제 손으로 처치하지 않는가? 그것도 의리 때문이었죠. 사울, 아브넬, 이스보셋에 대한 의리가 있다면, 요압에 대한 의리 또한 저버릴 수 있는 것이 아니었죠. 요압의 이름이 다윗이 그의 동생 아비새와 함께 자기를 잡으려고 온 사울의 진지로 야음을 틈타 들어가는 이야기에서 처음 나옵니다.(삼상 26) 그러고 보면 요압 형제들은 다윗이 사울의 손을 피해서 떠돌던 초창기부터 그와 고락을 같이한 사람들이었다는 걸 알 수 있습니다. 한두 해도 아니고 수십 년 궂은 일 좋은 일, 쓴 일 단 일을 같이 겪으며 살아온 동지가 아무리 잘못을 저질렀기로서니 그를 제 손으로 처치한다는 건 역시 도리에 어긋나는 일 아니겠습니까?

다윗은 아브넬에 대한 의리와 요압에 대한 의리를, 서로 상충되는 두 의리를 이렇게 다 지킨 겁니다. 그가 얼마나 의리에 투철하고 생각이 깊은 사람이냐는 걸 알 수 있습니다.

나는 요압과 다윗을 비교해 보면서 이 두 사람에게서 하비루 전통의 두 면을 보는 것 같습니다. 요압은 피의 보복에 철저한 하비루 전통으로 몸과 마음이 푹 절어 있는 사람이었던 거죠. 피의 보복을 위해서라면 수단 방법을 가리지 않는 사람이었습니다. 속임수를 쓰느냐 안 쓰느냐 같은 건 안중에도 없었죠. 속임수는 합법적으로 떳떳하게 살 수 없는 계층에게는 정당하고 떳떳한 생활수단이 되는 것이니까요. 하비루라는 당시의 밑바닥 계층에게도 그건 너무나 당연한 것이었습니다. 다윗도 하비루의 해방전쟁을 완수하기 위해서는 속임수쯤 하나도 개의하지 않았습니다. 그는 상전 아기스를 속이는 것쯤은 대수롭게 여기지 않았으니까요.

그런데 다윗은 요압에게는 없는 다른 하비루 전통을 가지고 있었습니다. 그것이 의리라는 것이었습니다. 그것이 있기 때문에 그는 두목이 될 수 있었고, 요압은 그것이 없기 때문에 전쟁에서는 용맹을 떨치면서도, 통일왕국을 세우는 데 일등공신이면서도, 결국은 제 명에 못 죽는 비극의 주인공이 되고 마는군요. 아까운 일 아닙니까?

다윗을 너무 추켜세운다는 생각이 들지 않으세요? 다윗도 사람이라 부하장군에 대한 의리를 저버린 일이 있었습니다. 부하의 아내를 범하고 그걸 숨기려다가 되지 않으니까 그를 죽을 자리에 밀어 넣거든요. 이건 정말 다윗의 생애에 최대의 오점이라고 하지 않을 수 없습니다.

우리야는 왕궁에서 나오는 길로 집으로 돌아가지 않고 대궐 문간에서 잠을 자지요. 이걸 알고 채근해 묻는 왕에게 우리야는 이렇게 대답하죠.

"온 이스라엘군과 유다군이 야영 중입니다. 법궤도 거기에 있습니다. 제 상관 요압 장군이나 임금님의 부하들도 들판에 진을 치고 있습니다. 그런데 저만 집에 가서 편히 쉬며 먹고 마시고 아내와 더불어 밤을 지내다니, 도저히 그렇게는 할 수 없습니다."(삼하 11:11)

여기서 의리를 깨뜨린 건 다윗이고 의리를 지킨 것은 우리야였군요. 당시 모든 전쟁은 신(들)의 전쟁으로서 거룩한 것이었죠. 그런데 여자와 몸을 섞는 일은 부정을 타는 일로서 패전을 불러들이는 일로 여겨졌던 겁니다.

히틀러나 도죠뿐 아니죠. 소위 기독교 국가들도 '거룩한 싸움'이라는 깃발 아래 그 더러운 침략전쟁을 정당화하고 미화하려고 했죠. 그러나 우리야가 몸에 부정을 타지 않아 상사와 전우들에 대한 의리를 지키려고 한 이 '거룩한 싸움'은 침략전쟁이 아니라 이제 바야흐로 대단원에 이르려는 하비루들의 해방전쟁이었던 거죠. 해방전쟁이야말로 '거룩한 싸움'이라고 불릴 수 있는 것 아니겠습니까?

다윗의 이 같은 실수에도 불구하고 나는 또다시 다윗을 추켜세워야겠습니다. 예언자 나단도 하비루의 배경을 가진 사람 같군요. 농사짓는 이야기가 아니라, 하비루들의 생계의 뼈대가 되는 양 치는 이야기로 나단은 다윗을 유도심문합니다. 유도심문에 걸려드는 순간, "임금님이 바로 그 사람입니다"는 말로 나단은 비수를 다윗의 턱 밑에 들이대는군요. 이 용기, 슬기도 하비루 전통에서 오는 것이라고 생각되지 않습니까? 하비루적인 의리라고 해야겠지요. 임금에게서 녹을 타 먹고 사는 몸으로서 임금의 귀에 솔깃한 말만 하는 것은 도리가 아닌 거죠. 아무리 임금의 귀에 거슬려도 바른 말을 하는 걸 신하 된 도리라고 믿었던 것이 아닙니까?

의리를 지킨다는 것과 도리를 지킨다는 건 같은 말이군요. 내가 마땅히 해야 할 일을 하는 것은 도리요, 남과의 관계에서 도리는 의리가 되는군요. 다윗은 우리야의 의리와 나단의 의리 앞에 항복합니다. 그건 하느님 앞에 무릎을 꿇는 일이기도 했구요.

"내가 야훼께 죄를 지었소."(삼하 12:13)

이 고백과 함께 다윗은 의리의 사나이로 재기하는 겁니다. 그러나 다윗을 진정 위대하게 만드는 것은 그것이 아닙니다. 하비루군과 농민혁명군의 동맹으로 시작된 해방전쟁의 이 동맹관계가 깨어지는 것을 모든 수를 써서라도 막아야 한다는 뚜렷한 역사의식—정치의식—이 그를 진정 위대하게 만드는 것이었습니다.

자기와 사울의 관계가 깨어지는 것은 바로 이 동맹 관계가 깨어지는 것이라는 것이 그의 인식이었습니다. 그것은 곧 해방전쟁의 실패라는 인식에 통하는 것이었거든요. 그가 사울에 대해서 취한 태도는 모두 이런 각도에서 이해되어야 합니다. 그가 아브넬과 이스보셋에 대해 취한 태도도 마찬가지입니다. 같은 생각에서 그는 법궤를 새 궁성에 모셨지요. 법궤는 하비루군과 농민해방군 연합부대를 이끌고 요르단을 건넜고, 해방전쟁에서 언제나 선두에 서 왔었으니까요. 불레셋에 빼앗기기까지이긴 하지만요.

마침내 그의 뜻이 이루어집니다. 헤브론을 도읍지로 하고 세워진 하비루 왕국을 유다라고 부릅니다. 그 헤브론으로 이스라엘 여러 족속이 다윗을 찾아옵니다. 여기서 이스라엘은 유다와 구별된 농민혁명군의 전통을 이어받은 북방족들을 말한다는 건 자명한 일입니다. 다윗은 이스라엘 장로들을 맞아 야훼 앞에서 조약을 맺었고 이스라엘 장로들은 그에게 기름을 부어 이스라엘의 왕으로

삼았다고 또렷이 기록되어 있군요.(삼하 5 : 3)

　이리하여 그는 남북연합군을 이끌고 불레셋을 쳐 이기고 해방 전쟁을 완수하고 새 나라를 세우지요. 그 새 나라의 기틀이 무엇이었을까요? 그것이 바로 십계명입니다. 그 이야기를 다음에 펼쳐 보기로 하겠습니다.

새 나라의 기틀, 십계명

···

피에 절은 땀내가 소리치면서

뜨거운 파도가 모래를 날린다.

성난 시내산

헉헉 안으로만 숨을 몰아쉬다가 그만

가슴이 터져 불을 쏟는다.

모래불 위에 떨어지는 불꽃

불꽃처럼 뒹구는 살점 살점

모래알을 입술로 바수던 40년 불이 탄다

채찍소리 불길을 끊으면서

모세의 등허리에 열 줄 핏자국이 패인다.

이건 '십계명'이라는 나의 시입니다. 제가 보기에 십계명은 단순한 도덕률이 아닙니다. 그건 모세의 등허리에 패인 열 줄 핏자국입니다. 성난 시나이 산 가슴 터지며 내뿜는 불꽃입니다. 아니, 그건 불꽃처럼 뒹구는 하비루 노예들의 살점들이었습니다.

다시는 다시는 억울하게 짓밟히고 억눌리고 착취당하고 죄 없이 맞아죽는 일이 없어야 한다는 살점들의 아우성이 바로 십계명이란 말입니다. 이 아우성이, 이 요구가 바로 야훼 하느님이 모세를 시켜 세우려는 새 공동체의 정신이요 뼈대가 아니겠습니까? 새 사회의 기틀이라는 말이죠. 헌법이라는 말을 영어로 컨스티튜션(constitution)이라고 하지요. 그런데 그게 바로 '기틀'이라는 말이거든요.

해방 후 우리의 헌정사는 결코 자랑스러운 것이 아니었습니다. 1972년 유신헌법이 제정되기 전까지 우리의 헌법은 그래도 민주적인 기틀로서 과히 손색이 없었습니다. 이승만 씨가 정권을 계속 장악하려고 초대 대통령에 한해서 세 번 대통령을 해도 된다고 파렴치하게 억지로 고친 일 말고는 말입니다. 기틀은 그런대로 괜찮았는데 그걸 무시하고 멋대로 날뛰다가 나가떨어진 것 아닙니까? 그런데 유신헌법과 제5공화국 헌법의 기틀은 숫제 독재였지요. 제6공화국 헌법은 외형상으로는 독재의 기틀을 떨쳐 버렸지만 그 속살은 여전히 억울한 민중의 생존권을 제대로 보장하는 것이 못 되는군요.

헌법을 공동체의 기틀이라고 할 때 거기에는 겉 기틀과 속 기틀 둘이 있습니다. 겉 기틀을 권력구조라고 한다면 속 기틀은 힘없는 민초의 인권 보장이지요. 여기서 우리는 본말을 뒤엎어서는 안 됩니다. 겉 기틀은 어디까지나 속 기틀을 위한 것이거든요. 속 기틀이 목적이라면 겉 기틀은 수단에 지나지 않는다는 말이죠. 속 기틀이 절대적이라면 겉 기틀은 상대적이라는 말도 되구요.

민초가 억울한 일을 당하지 않고 기를 펴고 자유롭고 인간답게 살아갈 수 있는 제도라면 그 어떤 권력구조도 좋은 거 아니겠습니까? 그렇지 못하면 권력구조가 아무리 근사해도 공동체의 겉 기틀로서는 가치가 없는 것이 되는 거구요.

십계명이 모세와 함께 탄생한 새 공동체의 기틀이라고 하는 건, 그것이 일종의 헌법이라는 걸 말하고 싶은 거죠. 헌법이라는 법적 개념이 생기기 전에 이미 존재한 헌법의 원형이라고 할 수 있다는 말입니다. 아직 겉 기틀인 권력구조는 없지만.

출애굽기 20장과 신명기 5장에 보존되어 있는 십계명의 정신에 걸맞는 헌법을 우리도 어떻게 가질 수 없을까요? 십계명 읽듯 경건하게 읽을 수 있는 헌법을 우리는 언제 가져 보나요.

사울이 전사하고 북왕국이 붕괴되자 북방 이스라엘 장로들은 헤브론으로 다윗을 찾아와서 남북을 통일하여 한 나라를 만들고 임금이 되어 달라고 요청합니다. 다윗은 그들을 맞아 계약을 맺고 통일왕국의 첫 임금이 됩니다.(삼하 5 : 1~3) 물론 야훼 앞에서 야훼의 이름으로. 그때 그들은 모세로부터 전해 온 십계명에 손을 얹고 계약을 체결했다고 보는 것이 옳을 것 같습니다. 모세에게서 시작된 출애굽의 하비루 해방전쟁이 이제 끝나는 마당에 십계명을 새 나라의 기틀로 확인한다는 것은 너무나 당연한 일이었을 테니까요. 새 나라의 창건과 함께 채택된 헌법이라는 말이 되겠습니다.

십계명을 신명기에서는 '열 조목(열 마디 말)'(4 : 13)이라고 했군요. 시나이산에서 받은 십계명은 본래 한 계명 한 계명이 '살인하지 못한다'는 식으로 짧았다는 걸 알 수 있습니다. 그런데 십계명

전반부는 신학적인 설명이 붙으면서 길어졌습니다. 언제 길어졌을까요? 헤브론에서 북방족 지도자들이 다윗과 계약을 맺을 때에 다시 문서화하는 과정에서 길어질 수도 있지 않았을까요? 이건 어디까지나 가설이지만 말입니다.

"너희 하느님은 나 야훼다. 바로 내가 너희를 에집트 땅 종살이 하던 집에서 이끌어 낸 하느님이다."(출 20 : 2)

십계명은 이 말로 시작됩니다. 유다교에서는 이 대목을 첫 계명으로 보지마는, 이건 아무래도 헌법 서문에 해당된다고 보는 것이 옳은 것 같습니다. 이를테면 새 나라의 기틀은 출애급 정신이라는 겁니다. 모든 사회제도는 그 정신에 맞도록 만들어야 하고 모든 사회생활은 그 정신으로 해 나가야 한다는 말이죠.

어쩌면 저 하비루들의 경험과 우리의 경험이 이렇게 도 같을까요? 제가 헌법 문제에 관심을 가지고 꽤 여러 나라의 헌법 전문들을 조사해 보았는데, 십계명의 전문과 같은 전문을 가진 헌법은 우리의 헌법밖에 없다는 걸 알았습니다. 우리의 헌법 전문에는 3·1정신과 4·19정신이 뚜렷이 적혀 있거든요. 우리의 헌법은 3·1정신과 4·19정신으로 작성되어야 하고 운용되어야 한다는 말 아니겠습니까? 일본놈들에게 국권을 빼앗기고 일본놈들의 종이 되니 얼마나 억울하더냐? 재산을 약탈당해도 어디가 호소할 데가 없고, 바른 말을 한 것 때문에 감옥에 가야 하고, 나라를 사랑했다고 맞아죽어야 할 때 얼마나 억울하더냐? 그런 일이 다시는 우리들 사이에 없어야 한다는 것이 3·1정신이거든요. 우리의 헌법은 그 정신으로 작성되고 운용되어야 한다는 말이죠. 4·19는 그 헌법정신이 유린당한 데 항의해서 일어난 의거 아닙니까? 선거로 표출된 국민의 주권이 짓밟힌 데 항의해서 일어난 의거인 거죠. 이런 억지가 통하는 세상이 되어서는 안 된다는 것이 4·19정신이라면, 우리의 헌법은 그 정신으로 제정되고 그 정신으로 운용되어야 한다는 말 아니겠습니까?

"내 앞에서 다른 신을 모시지 못한다."(출 20 : 37)
모든 사회생활의 뿌리가 되는 종교도 출애굽을 저버린 것이어서는 안 된다는 말입니다. 이건 신교의 자유에 배치되는 걸까요? 야훼만을 믿고 그만을 예배해야 한다는 거니까. 그런데 사실은 그게 아닙니다. 이건 야훼 종교의 배타적인 독선을 말하는 것이 아닙니다. 그 정반대입니다.
"내 앞에서 다른 신을……."
십계명의 신앙은 아직 유일신 신앙이 아닙니다. 다른 신, 다른 종교의 존재가 엄연히 인정되어 있거든요.
그 많은 신들 중에 야훼만을 섬겨야 하는 까닭은 야훼만이 하비루-노예들의 해방전쟁을 이끄셨기 때문인 거죠.
노예들의 해방전쟁에 합류하는 한, 종교는 이미 사람들을 갈라놓는 장벽일 수 없었던 겁니다. 하비루 노예해방군의 신 야훼와 농민해방군의 신 엘(샨다이)은 서로 배척하지 않고 손을 잡고 하나가 되지 않았습니까?

"너희의 엘(신)은 나 야훼다."(출 20 : 1)

이게 어디 배타적인 독선입니까? 어떤 신이건 간에 노예의 해방이나 농민의 해방에는 아무런 관심이 없고 지배자들의 후광이나 되어 주면서 영광과 찬양을 받는 것으로 만족하는 신을 어디 신이라고 할 수 있겠어요?

"그렇지, 그런 걸 신이라고 섬기라니, 그런 건 신이랄 것도 못돼. 암 그렇고말고, 그런 것은 신이 아니지."

"자네 말이 맞어. 그런 건 신이 아니야. 우리같이 짓눌려 사는 것들이 사슬에서 풀려나서 사람답게 살아가는 것을 보고 싶어하는 신이 있다면, 그런 신만이 신이라고 불릴 자격이 있는 것 아니겠어?"

"그러니 야훼 이외의 다른 신들은 신이 아니야. 야훼만이 신이야."

이렇게 야훼 유일신앙에 이르기까지 이스라엘은 길고 오랜 수난의 역정을 겪어야 합니다.

이렇게 어렵게 어렵게 터득한 유일신 신앙이 지배자의 종교가 되면서 배타적인 독선에 빠져 독재의 이데올로기가 되어 온 겁니다. 아무리 좋은 약도 잘못 쓰면 죽듯이, 하느님의 말씀이라는 성서도 잘못 이해하면 침략전쟁을 거룩한 전쟁으로 정당화하고, 급기야는 독재를 뒷받침해 주는 이념이 되는군요. 정말 정신을 바짝 차려야 하겠습니다.

우상을 만들어 놓고 섬기지 말라는 것은 에집트 지배자들의 신을 거부하라는 것이었죠. 일 년 365일 하루도 쉬지 않고 꼭두새벽부터 밤늦게까지 채찍을 맞아 가며 땀투성이 피투성이가 되어 노동하는 하비루들이 어느 겨를에 신전을 세우고 거기에 신상을 만들어 모시고 격식을 갖춘 장엄 예배를 드릴 수 있었겠습니까? 어림도 없는 소리죠. 솔로몬 성전에는 우상은 없었지만, 그 으리으리한 성전 자체가 야훼를 배신하는 일이었던 겁니다.

"너희 하느님의 이름 야훼를 함부로 부르지 못한다."(출 20:7)
이건 또 무엇입니까? 이건 종교를 정권 유지와 권력행사에 함부로 들먹거리면 안 된다는 말이지요. 에집트에서 신의 이름으로 신의 영광을 위해서 행사되는 권력 아래서 쥐어짜였을 때 얼마나 괴롭더냐? 얼마나 억울하더냐? 야훼의 이름은 그렇게 들먹거려질 것이 아니라는 거군요.
'함부로'라는 건 전연 들먹거리지 말라는 말이 아니죠. 꼭 야훼의 이름을 부를 때가 있다는 뜻 아닙니까? 그게 언제냐? 그게 바로 억눌린 자의 해방을 주장할 때, 해방을 선포할 때인 겁니다. 그때 이외는 내 이름을 들먹거려서는 안 돼, 그런 말이죠.

안식일 규정은 또 무엇일까요? 바빌론에서는 안식일은 악귀들이 설치는 날이어서 함부로 나다니거나 무얼 하다가는 악귀들에게 당하기 때문에 아무것도 하지 않고 집에 들어앉아 있어야 하는 날이었습니다. 하비루들에게는 그게 아니었습니다. 일 년 365일 하루도 못 쉬고 혹사를 당할 때 얼마나 쉬고 싶더냐? 꿈같은 이야기지만 이레에 하루씩 쉬도록 해라. 하비루 노예들이 제일 간절히 바라는 게 쉬는 일 아니었겠어요? 이레에 하루씩 쉰다. 이건 정말 엄청난 축복이었던 겁니다.(출 20 : 11)

출애급기의 십계명보다는 신명기의 십계명이 출애급 정신으로 안식의 의미를 더 잘 이해하고 더 뚜렷이 밝혀 줍니다. 네가 쉬어야 하는 까닭은 네가 악귀에게 잡혀 봉변을 당하지 않기 위해서도 아니요, 네가 복을 받기 위해서도 아니라는 겁니다. 네가 쉬어야 "네 남종과 여종도 너처럼 쉴 것이 아니냐?"(신 5 : 14)는 겁니다. 심지어 마소까지도 쉴 게 아니냐는 거거든요. 그렇게 마소나 종들을 일에서 풀어놓아 쉬게 해야 하는 까닭을 신명기는 이렇게 말합니다. "너희는 에집트에서 종살이하던 일을 생각하여라."(신 5 : 15) 숨 돌릴 틈도 없이 혹사당하던 너희를 거기서 건져 내어 이레에 하루씩 쉬게 해 주었는데, 짐승이라고 해서 종이라고 해서 혹사해서 되겠느냐는 것이 십계명의 안식일 규정의 정신인 거죠. 다 같이 일하고 다 같이 쉬는 복 받는 공동체를 세우라는 거지요. '잘 살아 보세'라는 새마을 노래가 있죠. 그 노래의 2절에는 이런 말이 있습니다. "일을 해 보세. 우리도 한번 일을 해 보세." 이거 안 됩니다. 이 노래를 지은 사람은 일이 얼마나 고되다는 것도, 쉰다는 게 얼마나 고마운 것이냐는 것도 모르는 사람이죠. 일과 쉼을 모두 모욕하는 노래인 거죠.

"부모를 공경하라"는 계명의 원형은 '부모를 업신여기지 못한다'(출 21 : 17, 신 27 : 16)는 것이었을 겁니다. 이 계명을 출애굽 정신에서 보면 모두 두 가지 뜻이 있다고 해야 할 겁니다. 첫째로, 부모가 뼈 빠지게 일하다가 이제 늙어서 별 할 일이 없다고 해서 멸시하거나 천대해서는 안 된다는 거죠. 노동 자체가 저주였는데, 그 저주스러운 노동마저 할 수 없게 되었다고 해서 멸시하는 건 너무 억울하지 않느냐는 겁니다. 둘째는, 이제 늙어서 일을 할 수 없게 되었다고 해서 생존권마저 박탈해서야 되겠느냐는 거죠. 그리고 그에게도 여생에 쉴 권리를 인정해 주어야 한다는 것 아니겠습니까?

"사람을 죽이지 못한다."

성서에 기록되어 있는 인류의 첫 죄는 살인 아닙니까? 카인이 동생 아벨을 죽인 일 말입니다. 죄의 알파는 살인이라는 말입니다. 알파는 오메가이니까 죄가 다다르는 경지 또한 살인이라는 말입니다. 돌로 쳐 죽이든 말려 죽이든 어느 것이나 살인임에는 틀림이 없습니다. 이를테면 생존권 침해요 박탈이 죄, 곧 살인죄라는 말이죠.

그다음이 간음인데, 간음이 살인이라는 좋은 예는 다윗에게서 찾을 수 있지 않습니까? 다윗이 바쎄바와 불륜의 관계에 빠진 것이 우리야를 억울한 죽음에 빠뜨렸거든요. 일시적인 실수였지만 그것이 가진 자의 죄라는 것만은 의심할 나위가 없습니다.

주지육림에 빠지는 향락, 성적인 문란이 문제인 거죠. 그것은 가진 자들의 세계, 저 윗동네의 자랑 아닙니까? 못 가진 자들의 세계, 이 아랫동네에 사는 사람들에게는 이가 갈리는 일인 거구요. 젊어서 생기발랄하고 예쁜 하비루 여성들이 가진 자들의 향락의 도구가 돼 버리는 사회를 거부해야 한다는 것이 이 계명이 말하려는 것 아니겠습니까? 적어도 출애굽 경험에서 새 공동체를 꿈꿀 때에 말입니다.

"도둑질하지 못한다."

이건 마지막 탐욕을 금한 계명과 함께 이해되어야 합니다. 도둑질하면 흔히 못사는 사람이 잘사는 사람 집에 들어가 훔쳐 내는 걸 말하기 때문입니다. 여기서 금하는 건 욕심장이들의 도둑질을 말하는 겁니다. 감옥에 가 보면, 큰 도둑은 얼마 안 있다가 다 나갑니다. 진짜 큰 도둑은 들어오지도 않구요.

벼룩의 간을 내어 먹는 강도떼들의 세계에서 풀려 나온 하비루들이 "우리 사이에서는 그런 억울한 일이 없도록 하자"는 다짐을 하는 겁니다. 그 다짐이 바로 8계명과 10계명입니다.

거짓 증언을 금하는 아홉째 계명은 사법부가 살아 있다는 걸 전제하는 이야기군요. 바른 증언만 하면 판사는 바른 판결을 내리게 되어 있다는 거니까요. 오늘 한국처럼 판검사가 한통속이 되어 변호사들까지 끼고 돈과 권력으로 거짓 증언을 시켜 가면서 생사람을 잡는다면, 십계명은 '거짓 증언'만을 말하지는 않았을 것 아닙니까? 하비루들은 에집트에서 정당한 법의 보호를 받지 못하며 살았던 거죠. 아무 죄도 없이 오직 가난하다는 것 때문에 법정에서 유죄판결을 받고 징역을 살고 사형을 당하곤 했던 거죠. 그게 얼마나 억울했겠습니까? '그런 억울한 일이 다시는 우리 가운데선 없어야지' 이런 다짐을 해야 했던 겁니다.

이 모든 사회적인 부조리, 사회적인 불의, 사회적인 이 죄악은 죽음에 이르는 것이죠. 그 죽음의 근원은 탐욕이라는 겁니다. 에집트인들의 탐욕이 얼마나 무지무지한 것이었느냐는 건 피라밋을 보면 알 수 있습니다. 피라밋에 견줄 만한 것이라곤 지구상에서는 중국의 만리장성 하나밖에 없을 겁니다. 피라밋 중에 제일 큰 건 높이가 145미터, 밑변은 229미터 정방형이나 됩니다. 그게 네모반듯한 큰 돌을 쌓아 올려 만든 것이니, 그걸 만드느라고 얼마나 많은 노예들이 뼈가 부서지고 깔려 죽었겠습니까?

그런데 그게 왕의 무덤이었습니다. 죽었다가 다시 살아나겠다는 왕의 욕심을 채우려고 아무도 파헤치고 들어갈 수 없도록 무덤으로 만든 피라밋은 에집트의 자랑일 수가 없는 겁니다. 이것은 에집트 지배자들의 탐욕이 얼마나 끔찍했었는가를 보여 주는 것입니다.

하비루들이 에집트에서 겪은 모든 억울한 일들은 모두 에집트 지배자들의 탐욕 때문이었던 겁니다. 그런 억울한 일이 우리들 사이에서 다시 벌어지지 않으려면, 우리 모두 탐욕을 버려야 한다는 거군요. 모든 일은 무욕에서 시작되어야 한다는 거죠. 아무리 제도가 좋아도 욕심이 행동의 동기가 되고 보면 말짱 헛것이 되는 게 아닙니까? 그래서 지배자의 욕심에 재갈을 물려 제동을 걸어야 할 필요가 생기지요. 그게 무얼까요? 그게 바로 언론의 자유 아닙니까? 21세기를 바라보는 한국에서도 그림의 떡인 언론의 자유가 거기는 있었군요. 그들이 바로 사무엘에게서 시작되는 예언자들 아닙니까? 다윗에게는 나단이라는 예언자가 있었고, 나단의 꾸짖음을 받아들이고 이에 승복하는 마음의 귀가 있었으니 얼마나 다행입니까? 그의 핏줄 속으로는 왕궁의 안일과 영광으로도 죽어 버리지 않는 하비루의 피가 흐르고 있었던 거구요.

히브리 민중의 첫 시련,
다윗의 비극

• • •

　나는 다윗을 비극적인 인물이라고 부르겠습니다. 그러나 히브리 민중사에서 다윗을 비극적인 인물이라고 부르기 전에 비극적인 인물로 손꼽힐 인물이 둘 있죠. 그게 바로 삼손이요, 사울 아니겠습니까?

　삼손은 농민혁명군 전통보다는 하비루 전통을 이어받은 사람인 것 같군요. 무얼 봐서 그걸 알 수 있느냐고요? 그의 어머니가 삼손을 임신했을 때 천사가 일러 준 말이 있습니다. 이 아기는 나지르인이 되니 "너는… 이제부터 몸을 조심하여 포도주나 소주를 마시지 말고 부정한 것을 일절 먹지 말라. 네가 임신하여 아들을 낳거든 그 머리에 면도칼을 대지 말라"(판 13 : 4~5)는 겁니다.

　이건 포도주로 대표되는 농경문화를 거부하는 겁니다.(민 6, 렘 35 참조) 이를테면 삼손은 에집트의 뒤를 이어 가나안을 지배하는 불레셋의 멍에를 벗어 버리려는 해방전쟁에 단신으로 뛰어들었다가 장엄한 죽음을 한 비극적인 영웅이었던 거죠.

　아무리 영웅적이라고 해도 개인적인 영웅심리나 개인적인 행동으로는 해방이 이룩되지 않는다는 걸 삼손의 이야기가 보여 주는 것 아니겠어요? 그의 비장한 죽음으로 불레셋 지배자들을 아무리 많이 죽였다고 해도 그것만으로는 바라던 해방이 성취되지 않았거든요. 그가 속한 단 지파는 결국 불레셋의 등쌀에 저 북쪽으로 집단이동을 하지 않을 수 없었거든요.(판 7)

사울 부자의 비극은 삼손의 비극과는 전혀 다른 면을 보여 줍니다. 요나단이 무기 당번 하나를 데리고 단신으로 적진에 뛰어드는 일을 했지요. 이런 개인적인 영웅담이 전혀 없었던 건 아니지만 사울 부자는 삼손과 같은 영웅은 아니었습니다. 그들은 전쟁이 전문이 아니라 농사가 전문이었던 농민혁명군을 이끄는 장수들이었습니다. 그들의 비극의 원인은 사울의 시기심에 있었지요. 전쟁이 전문인 하비루 부대의 두목인 다윗이 사울가의 왕권을 위협하고 있다고 느끼게 된 데 문제가 있었던 겁니다. 그래서 그를 제거하려던 것이 결국은 적전에서 내부분열을 일으켜 자멸하고 말았던 것 아니겠습니까? 농민 해방-하비루 노예 해방이라는 공동의 대의명분을 저버리고 집권 연장에만 눈이 팔려 허둥거리다가 사울 왕가는 길보아 산상에서 비참한 종말을 고하게 되었던 거죠.

다윗은 삼손의 비극도 사울의 비극도 되풀이하지 않습니다. 그는 삼손처럼 혼자서 아무도 당해 낼 수 없는 힘과 용기를 떨쳐 세상을 깜짝 놀라게 하는 영웅은 아니었습니다. 역대기상 11장 10절 이하를 보면 다윗의 수하에는 기라성 같은 장군들이 많았던 걸 알 수 있습니다. 그가 의적떼 두목으로 지낼 시절에는 사백 명, 나중에는 육백 명이나 되는 잘 조련된 정예부대가 그에게 신명을 바쳤던 겁니다.

그는 하비루 노예들의 해방이라는 뚜렷한 목적의식을 가지고 죽어도 같이 죽고 살아도 같이 살려는 각오로 무장되어 있는 결사대의 두목으로서 용병술이 뛰어난 사람이었다는 걸 알 수 있습니다. 난공불락의 산성 예루살렘을 다윗은 남의 의표를 찌르는 기습작전으로 점령합니다. 예루살렘의 주민 여부스인들은 다윗 부대를 우습게 알고 비아냥거립니다.

　"소경이나 절름발이도 너쯤은 쫓아낼 수 있다."(삼하 5 : 6) 다윗은 기습부대로 하여금 물을 길어 올리는 바위벽을 타고 올라가게 해 예루살렘을 점령하고 맙니다. 이렇게 해서 그는 삼손의 비극을 되풀이하지 않음과 동시에 사울의 전철도 밟지 않습니다. 그는 하비루 노예해방군과 농민혁명군의 동맹관계를 깨지 않고 유지 강화시키기 위해서 세심한 배려를 합니다. 자기를 죽이려고 쫓아온 사울을 한 칼에 죽일 수 있는데도 손을 대지 않고 살려 보내기를 두 번씩이나 하지 않습니까? 굴러 들어오는 황금 같은 기회를 제 발로 차 버리는 격이지요. 그러나 그에게 있어선 자기의 개인적인 원수를 갚는 일보다도, 정권을 수중에 넣는 일보다도, 이 동맹관계에 자그마한 금이라도 가지 않게 하는 일이 비교할 수 없을 정도로 중요했습니다. 하비루 노예들의 해방과 농민들의 해방이라는 공통의 대의명분 앞에서 자기의 사사로운 보복이나 정권 탈취 같은 것은 한낱 물거품으로 보였던 게 아닐까요?

　이 점에 있어서 그는 가히 달인이라고 해도 좋지 않을까 싶군요. 조금 전에 다윗이 예루살렘을 점령하던 이야기를 했습니다마는,

그가 예루살렘을 점령하고 거기를 통일왕국의 수도로 삼은 것도 같은 배려에서 한 일이었습니다. 그러나 다윗은 농민혁명군의 중심 세겜과 하비루 해방군의 수도 헤브론 사이의 중립지대에 새 수도를 정하고 싶었던 겁니다. 어느 한쪽에 치우치지 않으면서 둘을 하나로 묶을 수 있는 수도로서 예루살렘은 적지 중의 적지였던 겁니다.

예루살렘의 궁중 사가들은 다윗의 결함이나 약점을 덮어 주거나 이를 미화하지 않습니다. 다윗과 바쎄바의 불륜의 관계를 하나 꺼리지 않고 후세에 남겨 줍니다. 그 죄를 가리어 보려고 애쓰는 다윗의 애처로운 모습을 상세하게 그려 주기도 하구요. 그게 도저히 안 된다는 게 드러나자 다윗은 자기에게 충성을 다하는 장수 우리야를 사지로 들여보내서 죽게 합니다. 그뿐인가요? 아들에게 애첩들이 더럽혀지는 꼴을 당하면서 수도를 비워 주고 피난길에 오르는 처참한 꼴을 상세하게 기록하여 후손들에게 전해 주거든요.

이렇게 결함투성이 인간 다윗의 이름을, 사람들은 성전에서 불려지는 성가집에 붙일 정도로 그를 높이는 겁니다. 모든 법은 모세에게서 온 것이라고 함으로써 모세에게 최고의 지위를 주었듯이 말입니다.

그 정도에 머무는 게 아닙니다. 사람들은 그를 메시아의 원형으로까지 추앙하게 되거든요.

주민의 십분의 일이 그 땅에 남아 있다 하더라도

그들마저 상수리나무, 참나무가 찍히듯이 쓰러지리라.

이렇듯 찍혀도 그루터기는 남을 것인데

그 그루터기가 곧 거룩한 씨다.

(사 6:13)

예언자 이사야가 소명을 받은 자리에서 들은 하느님의 목소리입니다. 불의와 부정으로 상수리나무, 참나무처럼 무성한 악의 세력이 찍혀 넘어지고 난 다음 새싹이 돋을 그루터기는 무엇이었을까요? 그것은 다윗의 아버지 이새의 그루터기라고 이사야는 11장 1절에서 말하는군요.

이를테면 새싹이 돋을 그루터기는 다윗이라는 말 아니겠습니까? 다윗과 함께 시작된 새 나라가 뭔가 잘못되었던 겁니다. 그래서 역사는 겉으로 보기에는 무성하나 속으로는 한참 잘못된 이 나라를 찍어 넘기고 새로 시작해야 하는데, 그 출발은 다시 다윗과 함께 시작된다는 거거든요. 그걸 이사야는 이렇게 노래합니다.

이새의 그루터기에서 햇순이 나오고

그 뿌리에서 새싹이 돋아난다.

야훼의 영이 그 위에 내린다.

지혜와 슬기를 주는 영,

경륜과 용기를 주는 영,

야훼를 알게 하고 그를 두려워하게 하는 영이 내린다.

그는 야훼를 두려워하는 것으로 기쁨을 삼아

겉만 보고 재판하지 아니하고

말만 듣고 시비를 가리지 아니하리라.

가난한 자들의 재판을 정당하게 해주고

흙에 묻혀 사는 천민의 시비를 바로 가려 주리라.

그의 말은 몽치가 되어 잔인한 자를 치고

그의 입김은 무도한 자를 죽이리라.

그는 정의로 허리를 동이고

성실로 띠를 띠리라.

(사 11 : 1~5)

정의의 제도적인 구현은 그 뿌리가 다윗에게 있다고 보는 거죠. 그런데 거기서 돋아난 예루살렘의 집권층은 이에서 멀리 벗어나 있었던 겁니다. 정의로운 법의 울타리로 가난하고 힘없는 민중을 지켜 주는 것이 아니라, 도리어 그들을 짓밟고 못살게 구는 억압자들이 되어 있었거든요. 이것을 보고 개탄하는 이사야의 귀에는 그 뿌리를 내려찍는 도끼 소리가 쿵쿵 들려오고 있었던 겁니다.

그 소리를 들으면서 그의 눈앞에 펼쳐지는 광경은 꿈만 같았습니다. 늑대가 새끼 양과 어울리고 표범이 숫염소와 함께 뒹구는 광경이었습니다. 어린아이들이 새끼사자와 송아지를 유유히 몰고 다니며 풀을 뜯기는 광경이라니! 암소와 곰이 벗이 되어 제 새끼들이 함께 뒹굴며 재롱을 부리는 걸 지켜보며 흐뭇하기만 한 거구요. 사자는 소처럼 여물을 먹는 채식동물이 되어 있고요, 갓 젖을 땐 어린것들이 살모사의 굴에 손을 집어넣어 그 징그러운 독사를 주물러도 애기 손을 무는 뱀이 하나 없군요.(사 11:6~8)

이건 농경지대의 평화가 아닙니다. 야수와 불뱀이 들끓는 광야의 평화입니다. 농터를 잃고 쫓겨난 하비루들이 모여 목숨을 이어 가는 살벌한 광야에 찾아온 평화인 거죠. 이 대목을 읽으면서 콧날이 찡하는 걸 느끼지 않는 사람이 있을까요? 제 목숨을 이어 가기 위해서라면 못할 짓이 없는 야수 같은, 아녀자 등 비전투원까지 싹쓸이하는 포악하고 잔인한 저 하비루들의 어디에 저렇듯 평화를 바라는 마음이 있었단 말인가요? 늑대가, 표범이, 사자가, 곰이, 살모사가, 양과 염소와 송아지와 어린애들을 해치지 않고 사이좋게 지내는 세상이 되기를 바라는 마음이……. 이 마음이 바로 새싹이 돋아날 그루터기였군요.

이사야가 예루살렘의 집권층이 찍혀 넘어지고 그 그루터기에서 이 같은 평화의 새싹이 돋는 것을 환상으로 본 지 한 이백 년이 지난 어느 날, 바빌론으로 붙잡혀 가서 서러운 포로생활을 하던 사람들 가운데 이사야라고 전해지는 예언자가 또 하나 있었습니다. 그도 이 그루터기에서 돋아날 새싹을 보는군요.

"그는 메마른 땅에 뿌리를 박고, 가까스로 돋아난 햇순이라고나 할까."(사 53:2)

이 햇순의 평화는 자기의 아픔으로 남의 아픔을 낫게 해 주는 마음에 있다는 겁니다. 이 마음이 십계명으로 체현된 새 나라의 기틀이었구요. 이 마음으로 다윗은 하비루의 해방-농노들의 해방을 이룩함으로 해서 온 이스라엘이 두고두고 우러르는 메시아의 원형이 되었던 겁니다. 찍혀도 찍혀도 다시금 다시금 햇순이 돋아나는 그루터기로 추앙을 받게 되었던 거죠.

그 다윗이 비극의 주인공이 되다니! 물론 그는 삼손이나 사울 부자처럼 비참한 죽음을 맞은 것은 아닙니다.

"다윗은 선조들과 함께 잠들어 다윗성에 안장되었다."(왕상 2:10)

한 왕조를 일으킨 태조의 서거를 말하는 기록으로서는 너무 간략하다고 생각되지 않으세요? 아무든 그는 와신종명(臥身終命)을 했고, 그의 장례는 국장이었을 것이며, 온 국민의 애도를 받으며 장례식이 거행되었으리라는 건 의심할 나위가 없습니다. 이렇게 아무의 눈에도 그의 죽음은 비극적으로 보이지 않은 것 아니겠어요? 그래도 우리는 그를 비극의 주인공이라 하지 않을 수 없습니다.

헤브론에서 예루살렘으로 옮기기까지 다윗은 해방자로서 이스라엘 민족사에 있어서는 빛나는 별이었습니다. 그 혁혁한 영광에 비해 예루살렘 궁중생활은 너무나 처참한 것이었습니다.

그의 비극은 그 개인의 비극이 아니라는 데 문제의 심각성이 있습니다. 그의 비극은 그대로 나라의 비극이요, 겨레의 비극이었던 겁니다. 책임 있는 윗자리에 앉아 나라의 운명을 걸머쥔다는 게 그래서 어려운 거 아니겠습니까?

궁궐의 풍요로움이 솔로몬의 허영을 낳았고, 솔로몬의 허영 속에서 자란 르호보암의 어리석음이 기어코 하비루 해방군과 농민 혁명군의 어렵게 이루어진 동맹 관계를 깨어 남쪽 유다와 북쪽 이스라엘로 갈라지게 되지 않습니까? 마침 북쪽에서 일어나고 있는 신흥 강대국들의 등쌀에 부대끼다가 둘 다 망하는 민족적인 대시련을 겪게 되지요.

다윗은 죽기까지 이런 국제적인 시련은 겪지 않지만, 애비가 자식들의 권력투쟁에 부대끼게 되거든요. 이것은 그를 참으로 처참하게 만드는 일이었습니다.

사울과 요나단이 죽었다는 소식을 들었을 때, 사울의 장수 아브넬이 죽었다는 소식을 들었을 때, 다윗은 전 국민을 울리는 만가를 지어 바칠 수 있었습니다. 그러던 가객 다윗이 제 자식 압살롬이 죽었다는 소식을 듣고는 그저 울부짖을 뿐이었군요.

"내 자식 압살롬아, 내 자식아, 내 자식 압살롬아, 차라리 내가 죽을 것을, 이게 웬일이냐? 내 자식 압살롬아, 내 자식아."(삼하 19 : 1)

이때 다윗은 압살롬 한 명의 비극을 생각하며 우는 것이 아니었습니다. 그 이름에 나타나 있는 궁궐의 비극을 울었던 겁니다. 어쩌면 자신의 비극적인 처참한 꼴을 울고 있었는지도 모르죠.

압살롬만큼 발끝에서 머리끝까지 흠 잡을 데 없이 잘생긴 사람은 이스라엘 어디를 가도 볼 수 없다고 칭찬이 자자했지 않습니까? 머리숱이 얼마나 많았던지 해마다 한 번씩 머리를 깎곤 했는데, 쳐낸 머리칼을 달아 보면 왕궁 저울로 이백 세겔이 나갈 정도

였다는군요.(삼하 14 : 25~26)

그의 누이 다말도 오빠를 닮아 잘생겼던가 보죠. 그런데 그 다말을 욕심 낸 사람이 하필이면 배다른 오빠 암논이었다니! 암논에게 몸을 버리고 쫓겨나 쓸쓸한 나날을 보내는 다말의 꼴이 인정 많은 아버지 다윗을 얼마나 슬프게 했을지 짐작이 가고도 남지 않습니까?

제 사랑하는 누이를 불행하게 만든 암논을 그대로 둘 압살롬이 아니었습니다. 마침내 암논이 압살롬의 계교에 걸려 죽고, 압살롬은 국외로 망명길에 오르게 되지요. 다윗은 죽은 암논을 생각하면 비참하고, 도망 친 아들도 보고 싶어, 기름진 음식이 목에 걸리고 부드러운 잠자리가 가시방석이었을 겁니다.

요압 장군의 슬기로운 알선으로 돌아온 압살롬은 부왕을 죽이고 왕위를 빼앗으려는 반란을 일으키는군요. 정말 기가 막혀 죽고 싶었을 것 아닙니까? 아들에게 쫓겨 몽진길에 오르는 다윗의 심정은 어떤 것이었을까요? 있으면 있는 대로 없으면 없는 대로 한 피붙이처럼 믿고 아끼고 위하며 살아가던 하비루 해방군 시절이 지금에 비해 얼마나 행복하게 느껴졌을 건지 상상할 수 있지 않습니까?

마침내 싸움은 역전되어 압살롬은 죽고 다윗은 개선하는 군대를 사열하는 자리에 서게 됩니다. 이 자리에 서야 하는 자신이 얼마나 저주스럽고 욕스러웠을 것입니까? 시적 낭만으로 살아오던 가객인 동시에 철저한 계산으로 살아온 전략가 다윗이 한꺼번에 무너지고 만 겁니다.

이렇게 다윗은 비극의 주인공이 되었고, 새로 탄생된 민족의 역사적인 첫 시련이 된 겁니다.

왜 이렇게 되었을까요? 다윗이 예루살렘 입성과 함께 하비루 해방군 생활을 떠나 어디서나 볼 수 있는 왕궁의 풍요롭고 호사스러운 생활에 빠졌기 때문이었죠. 하비루 해방군의 생활은 지배자를 물리치는 싸움이었던 데 비해서 왕궁생활은 남을 지배하는 생활인 거죠. 하비루 해방군의 생활은 있으면 있는 대로 없으면 없는 대로 고루 나누어 먹는 생활인 데 반해서 왕궁생활은 국민에게서 거두어들인 것으로 살아가는 편하고 호화스러운 생활인 겁니다. 특권을 누리는 걸 당연하게 인정받는 생활이었죠. 비극의 씨앗이 바로 여기에 있었던 것 아니겠습니까?

비극의 씨앗 또 하나는 권력의 세습제도에 있었습니다. 하비루 해방군 전통에서는 세습이라는 게 없었습니다. 오직 큰 도량과 슬기와 힘과 용기를 가진 자만이 두목이 될 자격이 있었던 겁니다. 판관들의 기록에서 그걸 볼 수 있습니다. 출신 성분이 아무리 낮아도 하느님의 영이 내려 목숨을 내걸고 백성을 적군의 손에서 구할 수 있는 사람이 영도자가 되었던 겁니다. 그 전통 속에서는 권력 세습을 위한 싸움이 벌어질 공간은 있을 수 없는 것이었으니까요.

이 비극의 씨는 사실 백성들 속에서 움텄습니다. 백성들은 사무엘에게 다른 모든 나라들처럼 왕을 세워 우리를 다스리게 해달라고 요청하지 않습니까?(삼상 8 : 5) 백성들이 하비루 해방군 전통,

농민해방군 전통을 거부하고 왕정지배체제를 요구한 데서 모든 비극이 움텄던 거죠. 이렇게 해서 해방의 완성자가 그대로 지배자가 되고 만 겁니다. 비극적인 인물로 전락하고 말았다는 말이죠.

비극의 씨앗,
이스라엘의 분단

···

솔로몬은 가인인 부왕 다윗과 나란히 지혜의 원조로서 후손들에게 높임을 받은 사람 아니었습니까? 모세·다윗·솔로몬, 이 세 봉우리는 이스라엘 정신사에서 율법·시편·지혜를 대표하는 자랑이었지요.

솔로몬이 왕위에 올라서 얼마 되지 않았을 때였습니다. 때는 아직 저 화려하고 장엄한 성전이 서기 전 기브온 산당에서 제사를 드린 날 밤이었군요, 하느님이 꿈에 솔로몬에게 나타나시어 무얼 해주면 좋겠느냐고 물으신 것이. 그때 솔로몬은 지혜를 줍시사고 이렇게 청을 올리지요.

"소인에게 듣는 마음과 흑백을 가릴 수 있는 머리를 주시어 이 백성을 바로 다스리게 해주십시오."(왕상 3 : 9)

부귀영화를 구하지 않고 원수를 갚게 해 달라고도 구하지 않고 백성을 바로 다스릴 지혜를 달라고 구하는 마음이 가상해서, 하느님은 지혜에 얹어 청하지 않은 부귀영화도 주시마고 약속하시면서 "네 평생에 너와 비길 만한 왕이 없으리라"고 하셨거든요.(왕상 3 : 13) 그가 누린 영화는 예수께서 들먹이실 정도로 가히 전설적이었습니다.

그의 지혜가 얼마나 높았었느냐는 건, 그가 잠언을 삼천 마디나 지었고 노래를 천여 편이나 지었다는 기록에 잘 나타나 있어요.(왕상 5 : 12) 그는 레바논에 있는 삼나무로부터 성벽에서 자라는 우슬초에 이르기까지 모든 초목을 논할 수 있었고, 야수나 날짐승이나 길짐승이나 물고기 등등 논할 수 없는 것이 없었다는군요. 그래서 천하만방에서 사람들이 그의 지혜를 들으려고 구름처럼 몰려들었다는 것 아닙니까? 세바의 여왕은 그냥 감탄, 감탄할 뿐이었군요. 넋을 잃을 정도로 감탄했다는 것이었으니까요.(왕상 10 : 4)

솔로몬의 지혜가 어떤 것이었느냐는 건 유명한 재판 이야기에서 더없이 잘 나타나지요.

"그 아이를 둘로 나누어 반쪽은 이 여자에게, 반쪽은 저 여자에게 주어라." 이 추상같은 말에 담겨 있는 것은 애정이었군요. 애비도 없이 자라는 가련한 한 애기를 살려야 한다는. 그 애정에서 그런 기막힌 슬기가 솟아난 것 아니겠습니까? 진짜 엄마와 가짜 엄마 사이에서 찢겨 죽을 뻔한 어린 목숨을 옹근 채로 보존할 수 있게 한 애정 어린 슬기, 이것이 바로 지혜문학의 속살인 거군요.

슬기의 속살은 생명 사랑이요, 생명 사랑은 곧 생명을 두려워하는 마음이기도 하구요. 생명을 두려워하는 마음은 생명의 근원인 하느님을 두려워하는 마음이군요. 그래서 지혜는 하느님을 두려워하는 데서 시작된다고 지혜문학은 거듭 말하는 거지요.

"지혜의 시작은 야훼를 두려워하는 일이요, 거룩하신 이를 아는 것이 슬기니라."(잠 9 : 10)

이 슬기는 차가운 머리에서만 나오는 것도 아니요, 뜨거운 가슴에서만 나오는 것도 아니었습니다. 뜨거운 가슴과 차가운 머리로 살아가는 갖가지 사람들의 쌓이고 쌓인 경험에서 솟아나는 것이었습니다. 소나무, 물푸레나무, 자작나무의 이파리들이 두루 섞여 해를 두고 쌓이고 쌓인 부드럽고 살진 땅에서 돋아나는 탐스러운 고사리라고나 할까요.

솔로몬은 이 고사리들을 모아서 후진 양성을 위한 교육자료로 쓰고 싶어졌던 것 같습니다. 그는 글을 아는 선비들에게 녹을 주면서 이 고사리들을 채집하게 했거든요. 백성들의 고난에 찬 경험에서 방울져 나오는 속담, 격언, 잠언을 모으게 했던 거죠. 우리는 지금 그걸 잠언에서 읽을 수 있습니다.

백성들의 경험에서 울려 나오는 슬기가 나라를 다스리는 데 중요하다는 걸 알아 이걸 후진 양성의 교육자료로 삼게 하면서도, 자신은 거기서 통치의 슬기를 배우려고 하지 않았었군요. 그는 자신이 지혜의 화신이라고 믿고 있었던 거죠. 모든 사람이 자기에게 와서 지혜를 배워야 한다고 생각할 뿐, 자신은 그 지혜에서 배울 것이 있다고 생각하지 않았군요. 어느샌가 그는 선악과를 따먹어 버렸다고 하겠군요. '이게 사람들에게 좋은 거야. 저건 나쁜 거고' 이렇게 그는 매사에 판단을 내릴 수 있었고, 그 판단은 정확무오여서 누구나 승복해야 한다고 믿었던 거니까.

그는 마침내 자신의 지혜의 광신자가 되는군요. 그리고 그 지혜를 천하에 과시하고 싶은 욕망에 사로잡히고 마는군요. 그리하여 그는 분에 넘치는 화려한 건축에 모든 걸 투입하게 되거든요. 7년 하고 여섯 달 걸려 지은 저 화려한 성전과 13년 걸려 지은 궁궐을 위시해서 그는 건축에 열중합니다. 어느 정도냐구요? 레바논에서 찍어 낸 재목을 사들이고 건축 기술자들을 고용하느라고 국고금이 바닥이 나서 하는 수 없이 그 빚을 갚기 위해 북방의 스무 성읍을 띠로 왕 히람에게 넘겨주지 않으면 안 될 정도였으니 이게 말이 됩니까?

그는 고생하는 백성 같은 건 안중에도 없었던 거죠. 성전 봉헌식에 드린 제물이 자그마치 숫소 2만 2천 마리, 양 12만 마리나 되었군요.(왕상 8:63) 물론 이건 친교 제물로서 봉헌제사에 온 백성들이 나누어 먹는 것이긴 했지만, 그것이 먹어치우는 낭비임에는 틀림이 없는 것 아니겠습니까. 이건 경건을 위장한 솔로몬의 과시욕, 지혜의 과시욕으로밖에 설명될 수 없는 거죠. 백성들의 생존권을 모욕하는 행위라고 해서 틀린 말일까요?

그의 여덟 막료 가운데는 아도니람이라는 부역책임자마저 있었군요.(왕상 4:6) 아도니람의 지휘 아래 삼만 명이 세 패로 나뉘어 한 달씩 레바논에 가서 재목을 운반해 오는 강제노동 일을 해야 했구요.(왕상 5:27~28) 그 외에도 짐 나르는 사람 7만, 돌 깨는 사람 8만이 강제노동을 해내야 했군요. 이스라엘에게 정복되어 강제노동을 강요당한 아모리인 등 이방인들의 수도 많았군요.(왕상 9:15~28)

이렇게 해서 그는 자기가 자랑하는 지혜를 스스로 배신했던 겁니다. 자신의 지혜를 과시하고 싶은 욕망이 얼마나 많은 사람의 생을 희생시키고 있느냐는 걸 그는 보지 못했던 겁니다. 백성의 엄청난 희생 위에 세워진 건축 가운데서도 성전 건축은 길이 솔로몬의 영광이었습니다. 그것은 그의 깊은 신심의 표현이라고 생각되었던 거죠. 실상은 그가 기리는 지혜를 배신하는 악임에도 불구하고. 후대의 궁중 사가의 눈에는 그것이 죄악으로 보이지 않았던 겁니다. 죄악이 아니라 찬양의 대상이었던 거죠. 많은 외국 여인을 후궁으로 거느리는 일은 고대사회에서는 차라리 국위를 선양하는 일이었죠.(왕상 11 : 1) 에집트와 같은 대국의 공주를 왕후로 맞았다는 건 솔로몬의 국제적인 명성이 얼마나 혁혁했느냐는 걸 보여 주는 일이죠.(왕상 3 : 1)

그러나 예루살렘 궁중 사가의 눈에는 그건 영광이 아니라 죄악이었군요. 왜 죄악입니까?

첫째로, 솔로몬은 여인들에게 빠져 마음이 흐려 진실을 보지 못하게 되었다는 거고(왕상 11 : 3), 둘째로, 외국 여인들의 꾐에 빠져 다른 신들을 섬기게 되었다는 겁니다.(왕상 11 : 4)

이것이 죄가 아니라는 말은 아닙니다. 이것만이 솔로몬의 죄악이고, 성전 건축이 얼마나 큰 죄악이냐는 걸 보지 못한 데 후대 궁중 사가의 한계가 있는 것 아니겠어요?

솔로몬은 하느님이 몸소 캄캄한 데 계시겠다고 하셨기 때문에 지성소 깜깜한 데에 하느님을 유폐시키고는 모든 영광을 혼자 누리려고 하는군요.(왕상 8 : 12~13) 하느님께서 "나는 캄캄한 데 있겠다"는 말씀을 언제 어디서 하셨는지는 알 길이 없습니다. 하느님이 이런 말씀을 하셨다면, "나는 너희의 캄캄한 현실 속에 있겠다"고 하신 것이 아니었을까요? 그런데 솔로몬은 그 하느님을 지성소 어두운 속에 유폐시킬 수 있다고 생각했었군요. 어림도 없는 소리죠.

이렇게 하느님을 유폐시켜 놓고 혼자 누리는 솔로몬의 부귀가 어떤 것이었느냐를 볼까요?

솔로몬이 일 년에 수입하는 금만도 666달란트가 되었다는군요. 관세 수입금과 국제무역에서 벌어들이는 수익금과 아라비아 여러 왕과 국내 지방장관들에게서 들어오는 금 말고도 그렇게 많았다는 겁니다.(왕상 10 : 14) 솔로몬 시대에는 은은 귀금속으로 치지도 않았다는군요.(왕상 10 : 21) 이 같은 영화를 누리기 위해서 그는 상선대를 조직하여 국제무역을 개척합니다. 국제무역을 나쁘다고 할 까닭이야 없지요. 하지만 솔로몬이 수입해 들여왔다는 품목을 보면 벌어진 입이 다물어지지 않는군요. 그 품목이라는 게 백성들의 삶에는 하등 필요가 없는 것, 오직 궁중의 사치만을 위한 것이었습니다. 금, 은, 상아, 원숭이, 공작새가 수입 품목이었다니 한심하달밖에요.(왕상 10 : 22)

그는 궁중의 호화스런 생활을 지탱하기 위해서 국제 무역을 개척하기 전에 지파들의 자주권과 지방자치제를 깨고 중앙집권을 강화합니다. 전국을 열두 개 행정구로 나누고 매 구역이 궁궐의 한 달 식량을 담당하도록 하며, 지방장관을 자기에게 충성하는 사람으로 임명하였습니다. 지파에서 추대된 존경받는 어른을 밀어내고 자기 명령에만 복종하는 사람을 그 자리에 앉혔군요.(왕상 4 : 7~19)

임금이 독점하고 누리는 부와 영화가 크면 클수록 그것을 넘보는 외적의 위협이 커지는 걸 솔로몬이라고 별 수 있나요? 그만큼 큰 군대를 유지하는 수밖에. 그리하여 그는 병거 1400대를 유지해야 했고, 군마는 1만 2천 마리나 먹여 살리지 않을 수 없었다는군요.(왕상 10 : 26~29)

이 모든 죄악이 후대의 궁중 사가의 눈에는 영광으로 보였지만, 솔로몬의 궁에서 녹을 타먹고 있던 당시의 사가의 눈에는 엄청난 죄악으로 보였었군요. 그들은 속담이나 격언이나 잠언에 나타나 있는 슬기가 무엇인지를 아는 선비들이었습니다. 그리고 솔로몬이 지혜의 화신이라고 믿고 우쭐해서 지혜 자체를 배신하고 있다는 걸 그들은 간파하고 있었군요.

그래서 그들은 솔로몬이 이어받은 왕권이 어떤 경로를 거쳐서 내려왔는지 그 역사를 조사하고 추려서 쓰는 일을 합니다. 이리하여 이스라엘의 첫 역사학파가 솔로몬의 궁궐에서 탄생하는군요.

그 역사서는 출애굽 역사를 거슬러 아브라함을 거쳐 에덴동산에까지 올라가는군요. 그들이 남긴 역사서가 후세에 씌어진 다른 역사서들과 함께 편집되어 지금 우리가 읽는 오경(창세기, 출애굽기,

레위기, 민수기, 신명기)이 되지요. 그 이후의 역사서는 훨씬 후에 엮어집니다.

이 학파의 사관에서 보면, 인간의 원죄는 흑백논리에 있었군요. 선악과를 따먹고 타락했다는 것은, '이건 선이다' '이건 악이다'라고 판단을 내리고 그 판단으로 생명의 문제를 재단하는 일로서, 이것을 생명을 부인하는 일이라고 보았군요. 이를테면 선악의 판단이 독선이 되고 독단이 되어지고 지상의 권위를 가지게 되면 생명은 이에 짓눌려 위축되고 짓밟혀 죽어 버릴밖에 없다는 거군요. 그 죄악을 다른 사람 아닌 솔로몬이 범하고 있다는 거군요.

슬기는 그런 독선과 독단에 빠지지 않는 거죠. 선악의 판단이 아니라 생명에 지고지상의 가치를 주는 하느님을 예배하는 제사법이 사람의 생명 이상일 수 없다는 걸 말해 주는 이야기가 동생 아벨을 죽인 카인의 살인 이야기가 아니겠습니까? 곡식을 바친 것이 잘못이 아니라, 곡식이 선이냐 짐승이 선이냐는 흑백논리가 죄였다는 말인가요? 그렇습니다. 그 흑백논리가 인류의 첫 역사적인 행위인 살인을 초래했다는 말이지요.

아브라함은 죄악의 도성 우르를 떠납니다. 새로운 신앙공동체를 향해서. "네 고향과 친척과 아비의 집을 떠나라"고 하시면서 하느님이 아브라함에게 내리신 약속을 읽어 볼까요?

"… 네 이름은 남에게 복을 끼쳐 주는 이름이 될 것이다. 너에게 복을 빌어 주는 사람에겐 내가 복을 내릴 것이며 너를 저주하는 사람에게는 저주를 내리리라…."(창 12 : 2~3)

솔로몬은 분명 이 글을 읽어 보았을 겁니다. '마마, 마마께서 지금 누리는 부귀영화는 마마 혼자 누리라는 것이 아닙니다. 그것은 만인의 것이 되어야 합니다.' 이 글을 쓴 사가는 솔로몬에게 이 말을 하고 싶었던 것 아니겠습니까? 분명 솔로몬은 그 뛰어난 이해력을 가지고서도 이 글에 담겨 있는 사가의 마음을 알아차리지 못했군요. 그랬더라면, 그는 지혜를 배신하지 않았을 거고 민족 비극을 초래하지 않아도 되었을 텐데 말입니다.

솔로몬의 이 죄악은 생명을 지고지상의 가치로 여기는 지혜만을 배신한 것이 아니었습니다. 그는 다윗과 함께 성취되었던 하비루의 농민 해방도 배신했던 겁니다. 새 나라의 기틀인 십계명을 깨뜨렸던 겁니다.

기틀이 깨어지면 나라도 깨어질밖에 없지요. 솔로몬이 죽고 그의 아들 르호보암이 등극하지요. 그러자 농민혁명군의 전통이 살아 있던 북방 열 지파가 반기를 듭니다.

솔로몬에게는 통치 기술이라도 있었는데 르호보암에게는 그것마저 없군요. 저는 요새 악한 사람은 마음을 고치면 되지만 어리석은 사람은 어떻게 해 볼 도리가 없다는 걸 통절하게 느끼고 있습니다. 그걸 느끼면 느낄수록 성서의 잠언뿐 아니라 우리의 속담도 많이 읽어 지혜를 깨칠 필요가 있다는 걸 깨닫게 되는군요. '윗물이 맑아야 아랫물이 맑다'든가, 아니 땐 굴뚝에 연기가 나랴'든가, 길고 긴 세월 쌓이고 쌓인 우리의 경험에서 울려오는 슬기를 터득하는 일이 여간 중요한 게 아니라는 생각이 들지 않으세요?

르호보암이 얼마나 어리석은가 볼까요? 한 사람의 어리석음이 얼마나 큰 비극을 겨레에게 안겨 주느냐는 것도.

르호보암은 농민혁명군의 중심지 세겜으로 갑니다. 하비루의 후예로서 농민군 후예들에게 임금으로 인준을 받으려는 것이었죠. 농민군 후예들의 대표 여로보암이 사람을 거느리고 르호보암 앞에 나타나 말합니다.

"마마의 부왕은 우리에게 무거운 멍에를 메웠습니다. 이제 마마는 그 무거운 멍에를 가볍게 해 주시고 심한 일을 덜어 주십시오. 그래야 우리는 마마를 받들어 섬기겠습니다."(왕상 12 : 14)

르호보암은 사흘 말미를 얻고는 나이 많은 신하들에게 어찌하면 좋겠느냐고 묻지요. 대답은 "오늘 마마는 이 백성의 종이 되어 섬기려고 하십니까? 그러면 좋은 말씀으로 대답해 주십시오. 이 백성이 언제까지나 마마를 섬길 것입니다."(왕상 12 : 7)

르호보암은 돌대가리였던가 보죠. 그 말이 마음에 들지 않아서 젊은 신하들에게 묻습니다. 그들의 대답은, "마마의 새끼손가락이 부왕의 허리보다 굵다고 하십시오. 부왕은 가죽채찍으로 치셨지만, 나는 쇠채찍으로 치리라고 대답하십시오."(왕상 12 : 10~11)

사흘 말미가 지난 다음 찾아온 북방 농민군 대표들에게 그 말을 하고는 본전도 못 찾고 걸음아 날 살려라며 도망쳐 와서, 남반부의 왕으로 에집트의 침략을 받아 예루살렘을 털리는 고배를 마시지요.

민족적인 비극은 이제 시작된 데 지나지 않습니다. 솔로몬이 뿌린 비극의 씨앗이 르호보암의 어리석음으로 뿌리를 내린 겁니다. 분단이지요. 분단은 남북으로 갈려서 동족상잔의 비극으로 이어집니다. 두 해방군이 서로 찔러 죽이는 꼴이야 어디 두고 볼 수 있습니까?

주전 922년에 분단된 나라가 마침내 주전 721년 북쪽이 먼저 아시리아에게 망하고, 주전 587년 남쪽이 바빌론에게 망하는 신세가 됩니다.

그러나 하비루 해방군, 농민혁명군의 전통은 죽어 버리지 않습니다. 거듭되는 시련과 비극을 뚫고 치열한 싸움이 계속됩니다. 그 싸움을 주도하는 것이 예언자들입니다. 예언자 중의 예언자 예수에게 이르러 그 싸움은 절정에 다다르는 거구요.

이제 변화산상에서 예수의 옆에 모세와 함께 서서 이야기를 주고받던 예언자 중의 예언자 엘리야에게 눈을 돌려 볼까요?

저항운동의 물줄기를 트다

-엘리야

...

"르호보암과 여로보암 사이에는 그들이 살아 있는 동안 전쟁이
그칠 날이 없었다."(왕상 14:30)

현실 정치에서는 영원한 우방도 영원한 적도 없다지만, 어제의
적이 오늘의 우방이 되고 오늘의 우방이 내일의 적이 될 수도 있다
지만, 여러 백 년에 걸친 피투성이 싸움 끝에 힘겹게 이룩한 해방,
그 해방의 기쁨에 온 천지가 아직 들떠 있는 판인데, 두 해방군이
적이 되어 "전쟁이 그칠 날이 없었다"니 기막힌 노릇 아닙니까?
가슴 아픈 이야기죠.

그러나 어쩝니까? 그게 역사인걸. 혁명이라는 게 거의 예외 없
이 간악한 지배가 더 간악한 지배로 바뀌고 마는 것이거든요. 그래
서 예수는 해방되어야 할 갈릴래아 민중을 향해서 천국이 코앞에
닥쳐왔으니 회개하라, 마음을 고쳐먹어라고 한 것일까요? 너희가
주인이 되는 새 세상이 오더라도 지배자가 될 생각을 말라는 것 아
닙니까. 섬기는 자가 되라는 것이었지요.

엘리야가 역사의 무대에 등장한 것은 아합 왕 때였습니다. 아합
이 왕으로 등극하기까지 북방 이스라엘은 62년 동안 세 번이나 반

란이 일어났고 세 왕이 비명으로 죽어가는군요. 어쩌면 분단 44년에 걸친 이 남쪽의 역사를 보는 것만 같군요.

거기 비해서 남쪽 유다는 세 왕이 세습으로 대를 이어 가거든요. 다윗 왕조가 확고한 지배권을 유지해 내려갔다는 말이 되겠습니다. 평양 정권이 확고한 지배권을 유지해 내려온 것과도 같은 느낌이 들지 않습니까?

왜 이런 차이가 생겼을까요? 남방 유다에서는 하비루 두목 다윗의 전통이 예루살렘이라는 뚜렷한 상징과 난공불락의 도성과 함께 지속될 수 있었고, 북쪽 이스라엘에는 중앙집권이 남쪽처럼 확고하게 형성되어 있지 않았기 때문 아니겠습니까? 평상시에는 농사를 짓다가 외적이 쳐들어오면 그때마다 유능한 지도자-군인이 나타나서 민병을 거느리고 싸우러 나갔고, 싸움이 끝나면 농사지으러 농토로 돌아가는 판관시대의 전통이 강했던 거죠. 오므리(아합의 아버지)가 수도를 사마리아에 자리 잡기까지 세겜에서 디르사를 거쳐 도읍지를 두 번이나 옮길 정도였거든요.

북방 이스라엘이라고 하비루 전통이 없었던 건 아니었군요. 북방 이스라엘의 예언자이면서 전구약의 예언자 대표인 예레미야의 겉옷은 낙타의 가죽으로 된 옷이었다는군요.(왕상 19 : 13, 19, 슥 13 : 4) 이건 분명 농민의 옷이 아니었죠. 북방 이스라엘의 하비루 전통이 요르단강 동쪽에 살아 있었다는 건 너무나 당연한 이야기 아니겠습니까? 거기는 농토에서 쫓겨나 양이나 몰고 다니는 목자들의 터전이었으니까요. 하비루 전통이 거기 살아 있었다는 걸 보

여 주는 게 바로 엘리야군요. 요르단강 동쪽에서 요르단으로 흘러
드는 작은 흐름 야뽁에서도 야곱이 하느님의 천사와 씨름했다는
나루터에서 8마일 북쪽에 있는 티스베가 엘리야가 나서 자라던 곳
이었거든요.

당시의 종교가 해방군의 전통에서 멀리 떠나 지배자의 종교로
타락했다는 점에서 예루살렘은 북쪽보다 나을 것이 하나도 없었
습니다. 베델의 성소가 왕실 성소였다면(왕상 13 : 1), 예루살렘의
솔로몬 성전은 더욱 그러하였던 거니까요. 그러나 엘리야 같은 예
언자마저도 예루살렘에서는 야훼의 이름만이 배타적으로 불려지
고 있다는 사실 하나 때문에 예루살렘 종교의 본질이 뿌리째 썩어
변질되어 있다는 사실을 몰랐었군요. 알았더라면 예루살렘이라고
못 본 척 외면하고 지나칠 엘리야가 아니잖습니까?

그런데 북쪽의 종교는 엘-야훼 종교에서 엘-바알 종교가 되어
버렸던 겁니다. 엘-야훼의 예언자들이 엘-바알의 예언자들에게
박해를 받아 밀려나게 되었던 거죠. 엘-야훼 에언자들과 엘-바알
예언자들의 심각한 대결은 엘리야와 아합의 대결이라고 하기보다
는 엘리야와 이세벨의 대결이었다고 보는 것이 맞을 겁니다.

엘-바알은 본래 가나안의 종교체제였습니다. 가나안에는 최고
신인 엘의 혈통을 이어받은 70여 신이 있었는데 그중의 하나가 바
알이었습니다. 한데 그 바알이 신들의 세계에서 생산신으로서 핵
심적인 자리를 차지하게 되죠. 남신 바알과 여신 아쎄라의 성행위

에서 모든 생명이 태어난다고 믿고 있었으니까요. 생산신으로서 바알은 비를 내려 주는 풍요의 신이었죠.

그 바알이 야훼에게 밀려 최고의 권좌에서 쫓겨났던 겁니다. 한데 야훼는 생산신이 아니라 전쟁신 아니었습니까? 전쟁신 야훼는 하비루와 농노들의 해방을 이룩함으로써 역사의 신이 되었던 겁니다. 세계를 정복하는 역사의 신이 아니라 노예들의 해방을 이룩한 역사의 신으로서 그는 정의의 수호신이 되었던 거죠.

여로보암이 베델과 단에 야훼의 자리로서 바알의 상징인 금송아지를 만들어 놓은 것은 아마도 야훼에게 바알의 생산신 기능을 주려는 생각이었을 겁니다. 한데 야훼에게는 여신이 짝으로 붙어 있지 않은 데 문제가 있었죠. 그 점에 있어서 야훼는 생산신으로서 결정적인 결함이 있어 보인 것이 아니었을까요?

해방의 감격이 멀어져 가면서 농민들은 생산신 바알 예배가 아쉬워졌었겠죠. 바알 제사의 일환으로 모든 남자는 바알이 되고 모든 여자는 아쎄라가 되어 몸을 내던져 즐기던 성적인 광란이 더욱 아쉬워졌을 것 아닙니까? 하비루 부대마저 그 광란에 빨려 들어간 기록을 우리는 바알브올 이야기에서 볼 수 있거든요.(민 25)

그 바알이 마침내 시돈의 공주 이세벨을 따라 아합 왕궁으로 들어옵니다.(왕상 16 : 31~33) 바알의 반격이 시작된 거죠. 마른 숲에 불이 옮겨 붙듯 바알 예배가 백성들 가운데로 번져 나가는 게 환히 보이지 않습니까? 백성들의 관심사는 이미 해방이 아니라 풍요로운 생산이었을 테니까요.

야훼의 예언자들은 아합-이세벨의 권위를 입은 바알 예언자들에게 밀릴 수밖에 없었습니다. 엘리야가 역사의 무대에 나타났을 때는(왕상 17) 이미 야훼의 예언자들이 이세벨에게 거의 소탕당한 뒤였습니다. 그는 단신으로 아합을 만납니다. 죽음을 각오하고 나섰던 것 같습니다. 엘리야는 광야로 도망쳐서 야훼께 울부짖습니다. "이 백성은 당신의 제단을 헐었을 뿐 아니라 당신의 예언자들을 칼로 쳐 죽였습니다. 이제 예언자라고는 저 하나 남았는데 저마저 죽이려고 찾고 있습니다."(왕상 19 : 14) 이런 형편이니 목숨을 내걸지 않고는 왕 앞에 나타날 수 없는 노릇 아니었겠습니까?

엘리야가 아합에게 한 첫말은 이런 것이었습니다.

"내가 섬기는 이스라엘의 하느님 야훼께서 당신의 목숨을 걸고 말씀하셨소이다. 내가 다시 입을 열기 전에는 앞으로 몇 해 동안이고 비는 물론 이슬 한 방울도 이 땅에 내리지 않을 것이오이다."(왕상 17 : 1)

여기 '이스라엘'이라고 한 것은 남방 유다와 대비된 북방 이스라엘을 가리키는 말이죠. 그는 아합을 향해서 "북방 이스라엘의 하느님은 야훼"라고 주장하는군요. 이 말 자체가 목숨을 내걸고 하는 도전이었던 거죠. 사실은 그의 이름 '엘리야'가 그대로 도전이었다면 뭐라고 하시겠습니까? '엘리야'는 '야훼가 나의 하느님'이라는 뜻이거든요. 이것은 아무래도 아버지가 붙여 준 이름 같지 않습니다. 바알이 아니라 야훼가 나의 하느님이라고 엘리야 자신의 신앙고백을 담아 스스로 자기에게 붙인 이름이라고 생각되지 않으세요? 이 뚜렷한 신앙고백이 그대로 왕을 향한 도전이었던 거죠.

"제가 다시 입을 열기까지는 비는 물론 이슬 한 방울도 내리지 않을 것이오이다." 이건 또 무엇입니까? 이건 바알의 권위에 도전하는 것이었죠. 비와 이슬로 땅을 적시어 풍요로운 생산을 내는 것은 바알이 아니라 야훼라는 것이었으니까요. 야훼가 해방신이라는 건 말이 되지만 여신을 짝으로 거느리지도 않은 주제에 풍요로운 생산을 낸다는 건 당시로서는 상식 밖의 이야기였던 거죠.

바알이 풍요로운 생산을 준다는 신학은 사실 왕들의 지배이념이 되어 있었습니다. 우선 바알이라는 말이 주인이라는 말이니까요. 호세아를 시켜서 야훼는 이스라엘이 당신을 주인(바알)이라 부르지 않고 낭군이라 부를 날이 오리라고 하거든요.(호 2 : 18)

자신을 바알이라고 부르는 남자는 여자를 소유물로 다룰 것 아니겠습니까? 여자를 소유물로 다루는 남자는 가정에서 전제군주가 된다는 건 물이 아래로 흐르는 것만큼이나 당연한 이야기죠. 바알은 만물의 주인일 뿐 아니라, 신들의 세계에서도 최고의 권좌에 올라 있었거든요. 바알 신앙은 자연에 순응하는 신앙입니다. 그것은 현상 유지의 신학이지 변혁의 신학이 아닙니다. 더더욱 신을 해방자로서 경험해 본 일이 없는 시돈 왕궁에서 이세벨의 몸에 배어들었던 바알 신앙은 왕실의 지배이념일밖에 도리가 없죠. 이를테면 왕이 전제군주로서 백성을 다스리는 걸 정당화시켜 주는 일이 종교가 담당해 온 몫이었다는 말입니다.

이에 항거해 일어난 것이 예언운동이죠. 이를테면 해방신 신앙을 되살리려는 신앙운동이 예언운동으로 나타났다는 말이 되겠습니다. 특히 엘리야에게서 그 면이 뚜렷한 특징으로 나타났던 거죠.

엘리야의 첫 번째 도전은 언뜻 보기에는 순수히 종교적인 도전 같았습니다. 바알이 하느님이냐 야훼가 하느님이냐는 것이었으니까요. 대결장은 가르멜산.

백성이야 목이 타서 죽건 말건, 아합에게는 군마들이 마실 물이 없다는 게 문제였군요. 가진 자의 관심이란 예나 지금이나 다르지 않군요.

"어떻게든 말과 노새를 살려야지⋯⋯."(왕상 18 : 5) 그러면서 아합은 오바디야라는 궁내대신과 함께 전 국토를 둘로 나누어 물을 찾으러 나서는군요. 엘리야는 오바디야에게 나타나 아합을 만나게 해 달라고 부탁합니다. 이번엔 오바디야가 목을 내걸고 두 적수를 만나게 하죠. 그리하여 두 적수는 가르멜산에서 대결하게 되지 않습니까? 엘리야의 적수는 사실 아합이 아니라 바알의 예언자들이고, 그 배후 세력인 이세벨이었죠. 아합은 관전자라고나 할까?

엉거주춤한 관전자는 아합만이 아니었습니다. 이세벨의 사주를 받아 야훼 제단을 허물고 야훼의 예언자들을 쳐죽이는 데 앞장섰던 백성들(왕상 19 : 14)도 엉거주춤한 관전자였군요. 엘리야는 그런 백성을 향해서 외칩니다.

"여러분은 언제까지 양다리를 걸치고 있을 작정입니까? 만일 야훼가 하느님이면 그를 따르고 바알이 하느님이면 그를 따르시오."(왕상 18:21) 이 도전에 백성은 묵묵부답이었다고 열왕기 사가는 말하는군요. 그럴밖에. 비는 바알이 내린다는 것이 조상 전래의 신앙이었는데 엘리야가 "내가 입을 열기까지 비가 내리나 보라"고 말하자 비가 3년씩이나 내리지 않는 걸 보면서 바알에 대한 믿음이 좀 흔들리긴 했어도, 엘리야의 하느님 야훼가 정말 비를 내려 줄 것인지는 아직 미지수였거든요.

그런데 승패는 하늘에서 누가 불을 내려 제물을 불사르느냐는 걸로 났군요. 역시 민중을 억압하는 지배자를 향해 뜨거운 분노로 불타오르고 있던 야훼의 가슴에서밖에 불길이 쏟아질 데가 없었군요. 이걸 보고서야 엉거주춤하던 백성이 바알 예언자들을 키손강에서 쳐죽이지요. 그러자 하느님의 분노는 소나기로 변하여 쏟아집니다.

가르멜산상의 극적인 대결은 이렇게 해서, 야훼와 바알 중에 어느 신이 기적을 일으킬 수 있느냐는 문제가 아니라는 게 드러납니다. 그것은 왕궁의 신이냐 민중의 신이냐는 대결이었습니다. 즉 왕궁의 신이 먹을 걸 주는 신이냐, 민중의 신이 먹을 걸 주는 신이냐는 것이 이 대결의 핵심 문제였다는 말입니다.

마태복음 6장에 담겨 있는 예수의 생각이 바로 그런 것이었군요. 엘리야의 제물을 태운 야훼의 불길 속에서 치솟는 건 타오르는 사랑의 불길이었지요. 그것이 예수가 말씀하신 '하나님의 정의' 아니겠습니까? 정의가 실천되는 곳에 펼쳐지는 하느님의 나라에는 굶주리고 헐벗은 사람이 있을 수 없다는 게 마태복음 6장의 내용이거든요.

가르멜산의 승패에 승복할 수 없는 사람이 꼭 하나 있었습니다. 그게 바로 이세벨이었군요. 아합이 이 같은 악녀를 아내로 거느리지만 않았더라도 그렇게 악군이 되지는 않았을지 모릅니다. 그는 이미 이세벨더러 이래라저래라 할 권위를 잃고 있었습니다. 그는 또 관전자의 자리로 물러서 있었습니다. 바알의 예언자들을 쳐 죽이던 백성들도 서슬 퍼런 이세벨의 기세에 눌려 또다시 슬금슬금 눈치나 보는 방관자들이 되는군요.

그 벼락같던 엘리야도 두려워 떨며 목숨 하나 구하려고 줄행랑을 칠 수밖에 없었다고 기록되어 있군요.(왕상 19 : 2) 처절한 정경입니다. 그러나 그 심연에서 엘리야의 인생은 한결 깊어지고, 그의 믿음은 고요한 확신이 됩니다. 새로운 하느님 경험을 하지요. 그가 새로 경험한 하느님은 온산을 뒤흔드는 강한 바람 속에도 지진 속에도 불길 속에도 계시지 않았고, 이 모든 것이 지나간 다음에 들려오는 가는 목소리 속에 계셨다는 것 아닙니까?

가늘지만 그건 단호한 목소리였군요. 혁명으로 역사에 변혁을 이룩하라는 것이었으니까요. 아합 왕궁과 동맹을 맺고 있는 다마스커스를 뒤엎을 사람으로 하자엘에게 기름을 부어 주고 아합의 지배를 꺾을 사람으로 예후 장군에게 기름을 부어 주라는 것이었군요. 이 두 가지 일은 그의 뒤를 이은 엘리사의 손으로 이루어집니다.(왕상 8 : 7, 9~10)

엘리야와 이세벨의 대결이 아직 하나 더 남아 있습니다. 이 대결은 이세벨의 과수(過手, 지나친 수)가 계기가 되죠. 하루는 아합이 이즈르엘 언덕에 자리 잡고 있는 별장으로 갔다가 바로 옆에 있는 나봇의 포도밭을 사서 정원으로 만들고 싶은 욕심이 들거든요. 그래서 나봇을 불러서 그 밭을 팔아 주든가 대토를 받고 바꾸어 주든가 하지 않겠느냐고 제안을 합니다. 그런데 나봇은 이를 단호히 거절하지요. 그러자 아합은 자리에 누워 이불을 얼굴까지 뒤집어쓰고 통 먹으려고도 하지 않았다는 것 아닙니까.(왕상 21 : 5) 왜 아합이 이러고 있는지 알고 이세벨은 그야말로 경악을 금치 못하는 것이었습니다. 이세벨은 그 지방 원로와 유지들에게 밀서를 보내어 나봇이 "하느님과 왕을 모욕하였다"고 무뢰배들을 시켜 무고를 하게 하고는 그를 쳐 죽이고 그 땅을 별장의 정원으로 만들려고 하였던 겁니다.

아합은 여전히 이스라엘의 왕이었군요. 농민해방전쟁의 정신이 그의 핏줄 속에 살아 있었던 것 아닙니까? 이세벨은 그게 아니었습니다. 아합은 시돈의 왕궁 전통에서는 멍청이로밖에 보이지 않았던 거죠. 이 두 전통은 하늘과 땅의 차라고 해야겠죠? 아합은 제 손으로는 어떻게 할 수 없을이만큼 농민해방전쟁의 전통에서 벗어나 있지는 않았지만, 이세벨이 나봇을 죽였다는 소식을 듣고는 이세벨의 목을 날리지 않고 손을 대지 않고 코를 풀었다 싶은 심정으로 어슬렁어슬렁 그걸 먹으려고 할 정도로 농민해방전쟁의 전통을 배신할 수 있는 사람이었군요. 이리하여 그는 비극적인 인물이 됩니다. 이스라엘 역사가는 아합의 비극을 이런 말로 표현합니다.

"아합처럼 아내의 농간에 빠져서 목숨을 내던져 가며 야훼의 눈에 거슬리는 일을 한 사람은 일찌기 없었다."(왕상 21 : 25)

두 종교의 사회적인 관심의 차가 하늘과 땅의 차만큼이나 멀다는 걸 보여 주는 좋은 보기라고 하지 않겠습니까?

이렇게 해서 아합, 이세벨은 민중의 눈에 났던 겁니다. 민중의 마음이 결정적으로 아합 왕궁을 떠났던 거죠. 다른 신은 몰라도 민중의 신 야훼만은 민중에게 외면당한 권력을 용서할 수 없었던 겁니다.

"나봇의 피를 핥던 개들이 같은 자리에서 네 피도 핥으리라."

오늘날 누가 이런 말을 했다면 국가원수모독죄로 기소되어 살아남지 못할 것 아닐까요? 엘리야는 이 말을 하고도 목이 어깨에 붙어 있을 수 있었으니 별천지 같지 않습니까? 삼천 년 전 이야긴데요.

이것이 바로 하비루 농민해방군 전통에서 봇물처럼 터져 나온 예언운동이라는 엄청난 물줄기입니다. 엘리야의 후배 아모스가 한 이백 년 후에 정의가 강처럼 흐르는 세상을 만들어야겠다고 발벗고 나섰을 때, 그는 엘리야에게서 터졌던 물줄기가 다시 터져야겠다고 생각한 것 아니겠습니까?(암 5 : 24)

봇물 터지다, 민중의 힘
-예언운동을 보는 시각

• • •

　우리는 지난번에 예언자 중의 예언자 엘리야에게서 봇물처럼 터져 나온 민중의 힘을 보았습니다. 되돌아온 지배자의 신 바알에 맞서 하비루 민중의 신 야훼의 기수로 일어선 엘리야의 모습은 너무도 당당한 것이었죠.

　이제 우리는 그의 뒤를 이은 기라성 같은 예언자들을 민중사적인 시각에서 살피기 전에, 예언운동이라는 민중사의 맑고 억센 물줄기의 근원을 캐 보고 넘어가야 할 것 같군요.

　결론부터 말하자면, 예언운동은 해방을 열망하는 억눌린 민중의 힘이 터져 나오는 데서 시작된 겁니다.

　예언자들이 어떤 사람이었던가는 사무엘상 19장을 보면 잘 알 수 있습니다. 사울은 다윗을 잡아 죽이려고 군졸들을 나욧으로 보내지요. 다윗은 그리로 가서 사무엘에게 몸 붙여 살고 있었거든요. 그런데 사울의 군졸들이 그리로 가 보니까 예언자들 한 무리가 사무엘 앞에서 신들려 있었다는 것 아닙니까? 그것을 보는 순간 사울의 군졸들에게도 하느님의 신령이 내려 그들도 접신되어 버렸다는 겁니다. 사울은 이 소식을 듣고 또 다른 군졸 한 무리를 보내죠. 그런데 그들도 같은 경지에 빠져들거든요. 할 수 없이 사울이 직접 나섭니다. 그때의 정경을 성서는 이렇게 전해 주는군요.

"…그에게도 하느님의 영이 내려 라마에 있는 나욧까지 줄곧 신들린 상태로 걸어갔다. 사울도 옷을 벗어 던지고 사무엘 앞에서 신들린 상태에 빠져 하루 밤낮을 알몸으로 쓰러져 있었다."(삼상 19 : 23)

이게 일국의 제왕으로서 무슨 꼴입니까? 그래서 "사울도 예언자들 중의 하나더냐"(24절)라는 속담마저 생겼다는 것 아닙니까? 예언자들이란 사회에서 존경을 받는 계층이 아니었던 겁니다. 엘리사의 제자 하나가 예후를 찾아가서 왕으로 기름을 부어 주었을 때 동료 장군들의 입에서 터져 나온 말을 들어 보세요. "그 미친 녀석이" 왜 왔었느냐는 것이었거든요.(왕하 9 : 11) 장군들은 당시 사회에서는 상층부에 속합니다. 그들의 눈에 예언자가 한낱 '미친 놈'에 지나지 않았다면 알아볼 만하지 않습니까? 이스라엘 예언 운동의 거목 예레미야도 차꼬를 채우고 칼을 씌워야 할 미치광이로 보였었군요.(렘 29 : 26)

이스라엘의 예언자들을 보고 있노라면 한국의 무당들 생각이 가슴을 아프게 짓누르며 머리에 떠오르는 건 웬일일까요? 무당들이란 사회에서 존경받지 못하면서도, 오히려 천대를 받아 가면서도 그걸 탓하지 않고, 남의 아픔을 짊어지고 그걸 풀어 주는 걸 천직으로 알고 살아가는 사람들이거든요. 강신무들에게 있어선, 그건 천직이기 이전에 천지신명에게 사로잡혀 그렇게 살지 않을 수 없이 강요당하는 일 아닙니까? 강요당하면서도 한마디 불평 없이 말입니다.

신에게 잡히는 것이 개인적이냐 집단적이냐 하는 차이는 있지만, 신에게 사로잡혀 강요된 삶을 살아갔다는 점에서 이스라엘의 예언자들과 한국의 무당에는 공통된 면이 있는 거죠.

이스라엘의 예언자들이라고 해서 다 집단적으로 접신했다고 생각할 필요는 없습니다. 그러나 한국의 강신무처럼 개인적으로 접신하는 경우는 예외라고 보는 것이 옳을 겁니다. 엘리사의 때에는 예언자들의 학교가 상당히 번성했었다는 기록이 보입니다. 예언자 수련생들은 하느님이 엘리야를 데려가시리라는 걸 알고 있었다는군요. 엘리사도 물론 알고 있었죠. 엘리야는 길갈에서 베델로, 베델에서 예리고로 예언자 수련소를 마지막으로 돌아봅니다. 그런데 예리고에서만도 수련생이 50명이나 있었다는 것 아닙니까?(왕하 2:7)

앞서 사울의 이야기에서 보았듯이, 이들은 집단적인 접신 경험을 하고 있었던 겁니다. 집단적인 접신 상태에 빠지는 예언자들은 당시 이스라엘에만 있었던 건 아닙니다. 가르멜 산상에서 엘리야와 대결했던 바알의 예언자들도 그런 사람들 아닙니까? 바알 예언자들은 아침부터 해거름 제사를 지낼 때까지 온종일 집단적으로 창과 칼로 몸을 찔러 피까지 흘리면서 춤을 추며 울부짖었거든요. 그걸 성서는 신접한 모습이었다고 하는군요.(왕상 18:29)

이런 기록은 사무엘의 시대를 전후해서 지중해 일대 곳곳에서 나타납니다. 이를테면 오래오래 억눌려 지내던 민중이 더 이상 참을 수 없어서 몸부림치며 터져 나온 공통된 사회현상이었던 거죠. 쌓이고 쌓인 민중의 한이 여기저기서 터져 나오기 시작했다는 말입니다. 폭풍과 격동의 시대였던 거죠. 묶였던 민중의 힘이 스스로 사슬을 끊고 해방을 이룩하려고 분출한 것이라고 보아 틀림이 없을 겁니다.

구약성서에서는 이건 너무 뚜렷합니다. 예언자들을 신들린 상태로 끌고 가는 것은 예외 없이 '야훼의 영' 아니면 '하느님의 영'이라고 합니다.(삼상 10 : 6, 10 : 11, 6 : 19, 20, 23) 그런데 바로 갈렙의 동생 오드니엘에게 내린 영은 이스라엘을 메소포타미아 왕 구산리사다임에게서 건진 해방신 야훼의 영이었고(판 3 : 10), 기드온에게 내린 영은 이스라엘을 미디안의 공격에서 건져 준 해방신 야훼의 영이었으며(판 6 : 34), 기생의 몸에서 난 천민 중의 천민 입다에게 내린 영은 이스라엘을 암몬의 억압에서 풀려나게 한 야훼의 영이었거든요.(판 11 : 29) 삼손에게 내려 이스라엘을 불레셋의 사슬에서 해방시키려는 영웅적인 싸움을 단신으로 펼쳐 가게 한 영도 물론 야훼의 영이었죠.(판 13 : 25, 14 : 6, 19, 15 : 14, 19)

예언자들이라고 하면 흔히들 '말씀'을 생각하게 됩니다. 앞으로 올 일을 미리 점쳐 말할 수 있는 사람을 예언자라고 생각하기 십상이지요. 물론 예언자가 하는 일 가운데 이 일이 포함되지 않은 건 아닙니다. 그러나 예언자로 번역된 히브리어 '나-비(nábi')'라는 말에는 그런 뜻이 없습니다. 어떤 학자는 이 말이 '입에 거품을 문다'

는 말에서 왔다고 하지요. 입에 거품을 물고 땅바닥을 뒹구는 사람, 이를테면 접신 상태에 빠진 사람이라는 거지요. 어떤 학자는 또, 이 말엔 '부르심을 받은 사람'이라는 뜻이 있다고 풀이합니다. 아뭏든 이 말엔 '말하는 사람'이란 뜻은 없습니다. 이 말을 예언자라고 번역한 것은 구약성서를 헬라어로 번역한 사람들입니다.

무당들이 펼치는 굿에서도 말이 중요하지 않은 게 아니죠. 그들이 전하는 귀신의 말씀을 '공수'라고 부르거든요. 그런데 굿에서도 그렇고 예언 종교에서도 그렇습니다만, 말 못지않게 중요한 게 있습니다. 어찌 보면 말보다 더 중요한지도 모르죠. 그게 뭐냐 하면 몸짓이요 몸부림입니다. 무당이나 나-비들은 접신 상태에서 몸을 떨기도 하고 땅바닥을 마구 뒹굴기도 하고 북소리를 따라 춤을 추기도 하지요. 이건 해방을 갈구하는 민중의 저항의지의 표현 아니겠습니까? 구태여 '말'이라는 말을 써야 한다면 몸의 언어라고 해도 되겠지만, 이건 실상 말 이전이요, 말 이상이라고 하는 게 옳은 거죠. 말 이전입니다. 말로 질서가 잡혀 '이것이다' 하고 딱바라지게 말할 수는 없지만, 이를테면 꿈틀거리는 격정이요, 터지는 힘으로 체험될 뿐 아직은 혼돈인 몸부림인 거죠. 이 뜨거운 저항과 항거의 몸부림이 앞서지 않는 말은 별 볼 일 없죠. 그런 몸부림이 앞서고 거기서 말이 터져 나오면, 그 말이야말로 역사를 변혁시켜 새 질서를 줄 수 있는 말인 거죠.

히브리 민중사에는 적어도 그걸 간파한 사람이 있었군요. 인류를 위해서 다행한 일이라고 하지 않을 수 없습니다. 그게 누구냐 하면, 바로 사무엘이었습니다. 그는 엘리에게서 제도화된 종교의 한계를 봅니다. 내용이 없는 형식 가지고서는 될 일이 없는 것도 사실이지만, 형식이 없는 내용만 가지고서도 무엇 하나 될 일이 없다는 것도 잘 알았던 것 같습니다. 그래서 그는 하느님께 제사를 드리는 일을 퍽 소중하게 생각했죠.

사울이 집을 나간 나귀를 찾아 헤매다가 사무엘을 만났을 때, 사무엘은 신당으로 음복하러 올라가고 있었고, 사람들은 먹지 않고 그가 오기를 기다리고 있었거든요. 그가 감사기도를 올리기 전에는 아무도 음식에 손을 댈 수가 없었다는 거니까요.(삼상 9 : 11~13)

그러나 그는 역사를 변혁시킬 수 있는 힘을 지닌 종교를, 그 힘을 중화시켜 버리는 것이 아니라 오히려 그 힘을 폭발시킬 수 있는 제도를 창출해 내고 싶었던 것 같습니다. 그리고 그는 그걸 나-비들의 종교 경험과 그 경험을 자유로 한껏 표현할 수 있는 제도를 그들의 몸놀림에서 찾을 수 있었던 것 아닙니까?

사울이 그를 만났을 때에 이미 그의 주변에는 나-비의 무리들이 있었거든요. 사무엘은 사울에게 기름을 부어 왕으로 세운 다음 사울이 집으로 돌아가는 길에 만날 일 세 가지를 일러 주지요. 그 세 번째가 이런 것이었습니다. "불레셋의 수비대가 있는 하느님의 언덕에 이르면 산당에서 내려오는 나-비의 무리를 만날 것이오. 그들은 거문고를 뜯고 소구를 치고 피리를 불고 수금을 뜯으며, 신이 들려 내려올 것이오. 그때 야훼의 기운이 갑자기 내리덮쳐, 그대도 그들과 함께 신이 들려 아주 딴사람이 될 것이오."(삼상 10 : 5~6)

물론 사무엘의 말대로 사울은 도중에 그들을 만났고, 사울도 그들과 함께 나-비처럼 신접한 상태에 빠져들지요.

여기에 주목해야 할 점이 있습니다. 그가 이끄는 나-비 무리가 자리 잡고 있는 곳이 불레셋 부대가 있는 하느님의 언덕 위 산당이었다는군요. 불레셋 지배자들이 하느님의 언덕에 군대를 주둔시키고 있었다니 분통 터질 일 아닙니까? 사무엘은 새로운 종교운동을 불레셋 점령군 바로 그 코앞에서 벌이고 있었군요. 불레셋 점령군 앞에서 한 걸음도 물러나지 않고 그들을 몰아내는 해방운동의 열기를 불태우고 있었군요. 사무엘이 이끄는 예언운동이 민중해방을 위한 운동이었다는 건 그가 사울을 만나기 전날 받은 계시에서 잘 드러납니다.

"내일 이맘때 베냐민 지방에서 사람 하나를 너에게 보낼 터이니, 너는 그에게 기름을 부어 성별하여 내 백성 이스라엘의 수령으로 세워라. 그가 내 백성을 불레셋 사람들에게서 구해 낼 것이다. 나는 내 백성이 고생하는 모습을 보았고 그들이 울부짖는 소리를 들었다."(삼상 9 : 16)

사무엘이 모색하는 종교의 새 모습이 출애급 해방전쟁의 연장이라는 걸 이 이상 어떻게 더 잘 표현하겠어요. 사무엘은 마지막 판관이었거든요. 이건 그가 모세에게서 시작되어 판관으로 이어지는 하비루 해방운동의 선상에 서 있었다는 걸 말하고 동시에 그 운동에 새로운 전기를 마련했다는 걸 말하는 것 아니겠습니까? 그 전기를 그는 예언운동으로 마련한 거죠.

모세에서 판관으로 이어지는 해방운동이 정치적인 운동이었다는 것은 더 말할 나위가 없습니다. 그러나 그것이 정치운동일 뿐이었느냐고 하면 그게 아니었습니다. 그건 정치적인 해방인 동시에 종교적인 해방이었으니까요. 정치적인 해방 없이 종교적인 해방이 없다는 걸 말하는 것만이 아니죠. 눌려 짓밟히는 농민과 노예들의 해방을 온몸으로 빌면서 이의 성취를 위해서 투쟁하는 일이 신앙 실천의 내용이 된다는 그런 의미에서 정치적인 해방과 종교적인 해방은 하나라는 말입니다.

이제 히브리 민중사는 새 국면에 접어드는군요. 바야흐로 이민족의 지배가 끝나려고 하는 시점에 다다른 거죠. 우리가 1945년 8월 15일 일제의 지배에서 풀려나 동족의 지배를 받게 된 것처럼 그들도 오래지 않아 새로 형성될 민족공동체가 지배층과 피지배계층으로 갈라지는 관계에 이르렀다는 말이죠. 사무엘은 왕을 요구하는 백성에게 이 사실을 이렇게 표현하죠.

"왕이 너희를 어떻게 다스릴지 알려 주겠다. 그는 너희 아들들을 데려다가 병거대나 기마대 일을 시키고 …… 너희 딸들을 데려다가 향료를 만들게 하고 요리나 과자를 굽는 일을 시킬 것이다…… 너희의 종을 데려다가 일을 시키고…… 너희들마저 종으

로 삼으리라."(삼상 8 : 10~18)

사무엘은 아직도 미완성인 민중해방운동을 밀고 나갈 뿐 아니라, 해방된 새 민족으로서 민중해방운동의 전통을 지켜 나가면서도 지배세력을 견제해 나갈 세력을 만들어 내는 일이 얼마나 중요하다는 걸 알았던 거죠. 이 같은 통찰력으로 키워 낸 것이 바로 예언운동 아닙니까? 끝까지 어용이 될 것을 거부하고 비판권을 포기하지 않으면서 예언자들의 운동을 조직해 냈다는 점에서 사무엘을 히브리 민중사에 있어서 두 번째 모세라고 하면 지나친 말일까요?

나-비들에게는 격정과 힘과 용기는 있었지만, 그런 냉철한 통찰은 없었다고 보는 것이 옳을 겁니다. 다행히 그것이 사무엘에게는 있었습니다. 그는 나-비이기 전에 '선견자'였거든요. 사울이 찾는 나귀가 어디 있을 것이냐는 걸 복채를 받고 일러 줄 수 있는 선견자였다는 것 아닙니까?(삼상 9 : 1~9) 사무엘은 일종 점쟁이였던 거죠. 그러나 그는 보통 점쟁이가 아니었습니다. 그는 역사를 통찰하는 맑은 눈을 가지고 있는 점쟁이였던 겁니다. 그는 백성이 왕을 요구할 시점에 와 있다는 걸 알았고, 왕정이 몰고 올 문제를 꿰뚫어볼 수 있었고, 그걸 견제할 세력이 필요하다는 것을 알았던 거죠. 대단한 점쟁이가 아닙니까? 그의 날카로운 눈은 그의 후배들에게 살아 있어서 어용화되는 걸 막아 냈던 것 아닙니까? 나단은 국록을 타먹는 예언자였지만, 다윗을 호되게 꾸짖을 수가 있었지요. 엘리야는 아합-이세벨의 막강한 힘 앞에서도 굴하지 않는 재야의 예언자로서 당당히 싸워 나갈 수 있었구요.

이세벨-아합 시대에 또 하나 재야의 예언자가 있었군요. 그의 이름 미가야. 유다 왕 여호사밧의 방문을 받은 아합은 시리아에게 잃었던 라못길르앗을 되찾는 전쟁에 같이 출병해 줄 것을 제안하지요. 이 제안을 받고 여호사밧은 당연히 야훼께 물어보자고 하지요. 그래서 아합은 사백 명이나 되는 궁중 예언자들을 불러들입니다. 이들은 이세벨에게서 밥을 얻어먹는 바알의 예언자들과는 다른 야훼의 예언자들이었죠. 그러나 어용 예언자라는 점에서는 같은 부류에 속했던 겁니다.

그들의 두목 시드키야는 쇠로 만든 뿔을 몇 개 가지고 나와서 야훼의 말씀을 전하지요. "네가 이 뿔들로 시리아군을 받아 전멸시키라"고. 여호사밧은 그들의 예언을 믿을 수 없었던지, 야훼의 뜻을 물어볼 만한 다른 예언자가 없느냐고 묻습니다. 그러나 아합이 있기는 있는데 그자는 한 번도 자기가 하려는 일을 잘 되리라고 말한 적이 없다고 말하지요. 여호사밧의 요청을 받아 아합은 그를 부릅니다. 미가야는 쳐올라가라고 큰 목소리로 외쳤는데, 아합은 버럭 화를 내는군요. 말의 내용과 그의 목소리가 맞지 않았던가 봅니다. 말로는 쳐올라가라고 하면서도 목소리는 비웃고 있었던 거죠. 아마 그의 입도 삐죽거리고 있었을 거고.

진실을 말해 보라는 말을 듣고서야 미가야는 외치는군요. 백성을 돌보는 목자도 없는 판이니 다들 집으로 돌려보내라고. 그러면서 그는 말합니다. 하늘에서 어전 회의가 열려 아합을 꾀어내어 어떻게 죽일까 하고 의논들을 하는데, 한 영이 나서서 자기가 거짓말 하는 영이 되어 아합의 어용 예언자들의 입에 들어가겠다고 했고, 이것이 받아들여져서 지금 궁중 예언자들이 왕을 죽을 자리로 끌어내고 있다고.

그러자 시드키야가 미가야의 뺨을 치면서 호통을 치죠. "야훼의 영이 나를 떠나서 어느 길로 건너갔다는 말이냐?"고. 재야의 예언 자와 어용 예언자의 대결의 좋은 예 아닙니까? 시드키야가 아니라 미가야가 참예언자였다는 것이 아합의 전사로 증명되거든요.(왕 상 22)

얼음같이 차고 냉철한 마음으로 역사를 꿰뚫어 보는 선견자의 눈이 없으면, 나-비들의 열정만으로는 권력에 아부하는 어용이 되어 버리기 십상이라는 건 어제 오늘 이야기가 아니군요. 화산처 럼 폭발하는 격정 속에도 얼음같이 차고 맑은 냉철한 마음과 눈이 있어야 한다는 말 아니겠습니까? 나는 그걸 이렇게 읊어 보았습 니다.

실상 나는 죽었습니다.
껍데기만 남았습니다.
그런데 나는 아직 숨쉬고 있습니다.
내 속에서 숨쉬는 건 누구입니까
아아아아 그것은 흐느끼며 휘몰아치는
바람입니다 높아만 가는

겨레의 숨소리입니다.

벗들이여

그 속에서 불꽃 튕기는 눈망울 하나 불쑥 나타나

얼음같이 찬 눈물을

뚝뚝 떨구는 것이 보이지 않습니까.

재야의 목소리 터지다
-아모스

···

   엘리야도 그의 뒤를 이은 엘리사도 북방 이스라엘의 예언자였군요. 그들의 관심이 북방 이스라엘에 국한되었다고 해서 그걸 가지고 그들의 한계라고 말할 것은 못 되지요. 그러나 남방 유다의 예언자인 아모스가 예루살렘의 죄악상에 눈을 돌리지 않은 채 북방 이스라엘의 죄만을 규탄했다면, 이건 아무래도 그의 한계라고 해야 할 것 같군요. 남방 유다에서는 야훼 예배가 북쪽에서처럼 바알 예배의 위협을 받지 않고 그대로 지켜지고 있었던 겁니다. 그렇다고 해서 야훼 예배의 미명 아래서 저질러지는 온갖 추잡한 죄악이 아모스같이 날카로운 눈을 가진 예언자에게 보이지 않았다니.

   아모스의 시야가 그렇게 좁은 건 아니었습니다. 그는 이스라엘의 죄를 말하기 전에 '쇠꼬챙이가 박힌 타작기를 돌리며 길르앗 주민을 학살한' 다마스커스의 죄를 규탄하거든요. '사람들을 마구 잡아다가 에돔에 종으로 팔아넘긴' 불레셋의 죄를, '우호조약을 체결하고는 그 조약을 저버리고 사람들을 붙잡아다가 에돔에 종으로 팔아넘긴' 띠로의 죄를 질타하기도 하구요. 노예장사를 한 에돔의 죄도 물론 규탄받아 마땅한데, 아모스는 에돔의 죄를 동기간의 정을 끊고 칼을 겨누고 달려든 증오심과 앙심에 있었다고 하는군요. 다음으로는 '길르앗에서 임신한 여인의 배까지 가르며 영토를 넓힌 암몬의 죄'를 지탄하지요. '죽은 에돔 왕의 뼈까지 태워 재를 만든' 모압의 죄를 폭로하는군요. '야훼의 법을 거부하고 그 규정을 지키지 않은, 또 선조들이 따르던 거짓 신들에게 미혹된' 유다의 죄를 말하기는 하지만, 이건 후세의 삽입으로 보입니다. 이것이 아모스의 말이라고 하더라도 유다의 구체적인 죄는 지적되지 않고 있습니다.

이렇게 이스라엘의 주변 적국들의 죄를 규탄하는 말을 들으면서 이스라엘 사람들은 박수를 치며 환호했을 것 아닙니까? 한창 신나서 환호하는 사람들을 향해서 추상같은 야훼의 심판이 아모스의 입에서 떨어지는군요.

> 이스라엘이 지은 죄
> 그 쌓이고 쌓인 죄 때문에
> 나는 이스라엘을 벌하고야 말리라.
> 죄 없는 사람을 빚돈에 종으로 팔아넘기고
> 미투리 한 결레 값에
> 가난한 사람을 팔아넘긴 죄 때문이다.
> (암 2:6)

이건 다윗에게 비수를 들이대어 거꾸러뜨린 나단 예언자의 화술과도 같은 것이군요. 나단보다 아모스의 시야는 가히 국제적인 것이었고, 그의 화술은 고도의 예술성마저 갖춘 점이 다르다면 다르달까.

문제는 북방 이스라엘의 죄를 그토록 꿰뚫어 보는 눈이 제 고장 남쪽의 죄상은 그렇게 못 보았다는 데 있는 것 아니겠습니까? 예루살렘의 종교가 북쪽에서처럼 바알 종교와 뒤범벅이 되지 않고 야훼 종교의 명맥을 지키고 있다고 해서, 그 속살은 푹푹 썩어 악취를 풍기고 있었는데 그걸 몰랐다니 이걸 아모스의 한계라고 한 대서 이의를 제기할 사람이 없겠지요.

아쉬운 대로 아모스에게도 한계가 있었다는 걸 인정하지 않을 수 없군요. 그러나 모처럼 이룩한 국가적인 번영 속에서 음험한 모습으로 자라 가는 죄악을 그의 눈은 놓치지 않았다는 걸 보면서 우리는 쾌재를 부르게 되는군요. 북방 이스라엘은 여로보암 2세의 40년 치하에 상당한 번영을 누렸습니다. 북방 이스라엘의 역사를 야훼에 대한 반역으로 보고 도매금으로 정죄하는 남방 유다의 사가도 여로보암 2세의 공적만은 아주 높이 평가할 정도였으니까요.(왕하 14 : 25~27) 아모스보다 조금 늦게 등장한 북방 이스라엘의 예언자 호세아의 눈에 이스라엘이 '무성한 포도덩굴(호 10 : 1)이었다면 알 만하지 않습니까? 그리고 그 번영은 종교적인 열성으로 뒷받침되어 있기까지 했거든요.

무성한 포도덩굴인 이스라엘이 번영하는 만큼 제단이 많아졌고 석상은 화려해지는 것이 야훼에 대한 반역죄라는 것이 호세아의 눈에도 아모스의 눈에도 분명히 보였군요. 백성은 베델로, 길갈로, 브엘세바로 성소를 찾아 번영을 감사하고 번영이 계속되도록 열성으로 비는 것이었군요.(암 5 : 4~6) 번영만을 감사하고 번영만을 빌 뿐인 종교를 야훼께서는 얼마나 역겨워하시는지 아느냐고 아모스는 질타합니다.

> 너희의 순례절이 싫어 나는 얼굴을 돌린다.
> 축제 때마다 바치는 분향제 냄새가 역겹구나.
> 너희가 바치는 번제물과 곡식 제물이
> 나는 조금도 달갑지 않다.
> 친교 제물로 바치는 살진 제물은 보기도 싫다.
> 거들떠보기도 싫다.
> 그 시끄러운 노랫소리를 집어치워라.
> 거문고 가락도 귀찮다.
> (암 5 : 21~23)

이렇게 번영만을 추구하는 종교는 향락을 찬양하는 종교로 전락하고 마는 거죠.

> 상아침상에서 뒹굴고
> 보료 위에서 기지개를 켜며
> 양떼 가운데서 양새끼를 골라 잡아먹고

외양간에서 송아지를 잡아먹는 것들,

제가 마치 다윗이나 된 듯 악기를 새로 만들고

거문고를 뜯으며 제멋에 겨워 흥얼거리는 것들,

몸에는 값 비싼 향유를 바르고

술을 대접으로 퍼 마시며

요셉 가문이 망하는 것쯤

아랑곳도 하지 않는 것들.

(암 6 : 4~6)

　여자들이라고 번영과 향락을 누리지 말라는 법이 어디 있을소냐며 몸부림치는 여인들을, 아모스는 바산에서 풀을 뜯는 암소들이라고 비양치는군요.

바산 풀밭의 암소들아,

이 말을 들어라.

사마리아 언덕에서 노니는 여인들아,

남편을 졸라 술을 가져다 마시며

힘없고 가난한 자들을 짓밟는 자들아,

주 야훼께서 당신의 거룩하심을 걸고 맹세하신다.

너희를 갈고리로 끌어내고

너희 자식들을 작살로 찍어 낼 날이 이르렀다.

무너진 성 틈으로 하나씩 끌어내다

거름더미에 던지리라.

(암 4:1~3)

이렇게 번영과 향락만 추구하는 종교는 죄만 더할 뿐이라는 걸
아모스의 눈은 간파했군요. 하느님을 예배한다며 베델이나 길갈
을 찾는 발길이 그대로 죄를 지으러 가는 발길이라는군요.(암 4:
4~5) 그게 아니라 정의가 강물처럼 철철 넘쳐흐르는 사회를 만들
라고 외치는군요.(암 5:24)

이러고 보면, 그는 엘리야의 산맥에서 불끈 솟은 큰 묏봉우리였
군요. 엘리야가 바알 종교를 거부하고 야훼 종교를 고집한 까닭은,
바알이 나봇을 죽이고 그의 포도원을 빼앗은 이세벨과 아합을 지
원하는 신인 데 비해서 야훼는 이를 심판하는 신이었기 때문 아닙
니까? 신의 이름이 무엇이냐는 게 중요한 게 아니라 사회정의의
실천 여부가 종교의 핵심이라는 것이었죠.

아모스는 엘리야의 맥을 이었지만 그는 위대한 시인이었군요.
엘리야가 행동의 예언자, 당장 역사의 궤도를 돌리려고 몸부림친
예언자인 데 비해서 아모스는 하느님의 뜻을 명확하면서도 감동
적인 말로 표현하는 시인-예언자였다는 말이죠. 당장은 이루어지
지 않아도 언젠가는 반드시 이루어져야 할 하느님의 뜻의 전달자
로서 그는 새로운 예언자의 모습을 보여 주고 있는 거군요.

그의 예언이 하느님의 말씀으로 인정을 받은 것은 그가 죽은 지
약 이백 년이 지나서 그의 후배들이 바빌론에 포로로 끌려가서 좌

절과 실의의 나날을 보낼 때였거든요. 거기 가서 비로소 사람들은 무릎을 쳤던 거죠. 야훼 하느님을 믿는다는 건 정의를 실천하는 일이라는 아모스의 말이 하느님의 말씀이었다는 게 이백 년 후에야 증명되었다는 말이죠. 그가 하느님의 말씀이라고 전한 말을 믿지 않고 이를 거부하고 번영과 향락만 추구하며 살아온 것 때문에 벌을 받아 이 고달프고 서러운 처지에 놓이게 되었다는 걸 바빌론에 가서야 깨닫게 되었다는 말이죠.

그러면 그의 예언이 어떻게 이백 년이나 전해졌을까요? 그건 바로 민중의 마음에 새겨져 내려왔던 겁니다. 입에서 귀로, 또다시 귀에서 입으로 이어져 내려갔던 거죠. 기록이 되어 전해졌대도 그건 구전의 보조수단이었고 일종의 지하문학이었던 겁니다.

이건 정말 중요합니다. 그의 예언이 역사에서 소외되어 천대받는 민중의 가슴에 새겨져 내려왔다는 건, 그의 말의 공감대가 민중 속에 있었다는 말 아니겠습니까? 민중의 가슴속에 응어리졌던 한과 그 한을 풀어야 한다는 민중의 뜨거운 소원이 하느님의 가슴에 울려서 아모스의 입을 빌어 표현된 것이 그의 예언이었다면, 그의 말은 그대로 민중의 언어였다고 해야죠. 그의 시는 그대로 민중의 시였던 거고. 그렇기 때문에 그의 말, 그의 시, 그의 예언이 이백여 년이나 사라지지 않고 민중의 가슴을 울리며 살아 있을 수 있었던 것 아니겠습니까? 그 이후로 오늘까지 천오백여 년이나.

아모스는 이리하여 예언운동의 신기원을 그었다고 하겠습니다. 그의 선배인 사무엘-나단-엘리야-엘리사처럼 역사를 움직일 수 있는 힘이 있었다면, 아모스는 말씀의 예언자가 되지 않았을 테죠. 역사는 궁중에서 국록을 타먹는 어용 예언자들의 손에 확고히 잡혀 있었습니다. 이 절벽 앞에서 하느님의 뜻을 전달하는 것을 중요 직책으로 삼는 새로운 예언운동이 그에게서 시작된 거죠. 재야의 목소리가 터져 나온 겁니다.

그의 뒤를 이어 꼬리를 물고 일어난 기라성 같은 예언자들, 호세아, 이사야, 예레미야, 에제키엘, 둘째 이사야, 셋째 이사야 등은 뒤집을 것도 없이 민중사의 빛나는 역사였던 거죠.

엘리야가 아모스의 선배라는 건 너무나 자명한 일이지만, 엘리사가 아모스의 선배라는 데는 적지않이 문제가 있습니다. 엘리사는 엘리야의 후광을 업고 예언 운동의 사회적인 지휘를 높이는 일을 했던 것 같습니다. 예언자들의 수련장이 확장 일로를 걷고 있었구요. 엘리사가 이끄는 예언자들의 강한 집단을 어용이라고 보는 데는 문제가 있지만, 한국의 호국불교 정도의 자리에 올라 있었던 것만은 틀림없지요. 그는 시리아의 수도 다마스커스에 가서도 국빈 대접을 받을 정도였으니까요.(왕하 8 : 7~15) 거기서 이스라엘에 우호적인 사람 하자엘을 꼬드겨 쿠데타를 일으키게 하고 본국에서는 열렬한 야훼 신앙가인 예후 장군에게 기름을 부어 그를 왕으로 세우는 데 성공하거든요. 그 후로 그의 지위가 더욱 강화되었으리라는 건 보나마나한 이야기가 아니겠습니까?

그런데 아모스는 자기가 정규 예언자의 수련을 거친 예언자가 아니라고 잘라 말하지요.(암 7 : 14) 사무엘의 지도를 받아 가며 형성된 예언자들의 집단, 엘리야 엘리사의 지도 아래 정규 수련과정을 거친 예언자들의 집단과는 아무 관계가 없다고 독립을 선언하는 거죠.

"이 선견자야, 당장 여기를 떠나 유다 나라로 사라져라. 거기 가서나 예언자 노릇을 하며 밥을 벌어먹어라."(암 7 : 12~13)

아모스를 몰아세우는 베델의 사제 아마지야의 이 말은 아모스에겐 모욕이었던 거죠. 나는 하느님 이름을 팔아 밥이나 벌어먹는 사람이 아니다, "나는 목자요, 돌무화과를 가꾸는 농부다"라고 자기의 신분을 밝히는군요. 왕궁의 녹을 타먹는 비민중이 되라니 말도 안 되는 소리라는 거죠. 자기는 땀을 흘리며 몸으로 일을 하면서 살아가는 민중이라고 주장하는 거군요.

그는 엘리사-엘리야-사무엘을 껑충 뛰어넘어 모세에게로 돌아가는군요. "나는 양떼를 몰고 다니다가 야훼께 붙잡힌 사람이다. 당신의 백성 이스라엘에게 가서 당신의 말씀을 전하라는 야훼의 분부를 받고 왔을 뿐이다."(암 7 : 15)

출애급-민중해방의 장정에 나서라고 모세를 부르신 야훼가 아모스를 베델로 보내신 거군요. 이민족의 사슬에 매여 종노릇하는 하비루들을 해방시키라고 모세를 보내셨던 야훼가, 이번에는 동족의 사슬에 묶여 신음하는 농노들을 해방시키라고 아모스를 보내신 거군요.

사자가 으르렁거리는데

겁내지 않을 자 있겠느냐?

주 야훼께서 말씀하시는데

전하지 않을 자 있겠느냐?

(암 3 : 8)

　머리에 먹물이 든 모세는 말할 줄 모른다는 핑계를 대면서 하느
님의 부르심을 거절해 보려고 하지요. 사제의 집안에서 제대로 교
육을 받은 예레미야는 나이 어리다는 핑계를 대면서 하느님의 손
에서 벗어나려고 하지요. 그런데 아모스는 그게 아니었군요. 그는
두 사람이 길을 같이 간다면 미리 약속이 되어 있는 것이 아니겠느
냐고 생각하는, 상식으로 살아가는 사람입니다. "사자가 잡아먹을
것이 없는데도 숲속에서 으르렁거리겠느냐?" "미끼가 없는데도 새
가 창애에 내려와 걸리겠느냐?" "아무것도 걸리지 않았는데 창애
가 퉁겨 오르겠느냐?"는 극히 상식적인 판단으로 살아가는 사람이
군요.

　이런 것이 당연한 일이라면, 야훼께서 말씀하시면 이 말씀을 들
은 사람은 누구나 이를 전한다는 건 당연한 일이 아니겠느냐는 거
군요. 야훼의 말씀을 듣고 전한다는 건 성 안에서 비상나팔 소리가
나면 사람들이 화들짝 놀라는 것만큼 당연하다는 거군요. 너무 단
순하다고 생각되시죠. 이게 민중입니다. 모든 걸 눈에 보이고 귀에
들리는 현실을 기준으로 판단을 내리고는 주춤거리지 않고 즉각
행동으로 옮겨 가는 것이 민중 아닙니까? 상식을 바탕에 깔고 반

짝이는 민중의 슬기인 거죠.

　앞뒤를 잴 것도 없이 아모스는 민중해방, 출애굽 역사에 발을 들여놓습니다. 그러고 보니 이스라엘의 죄는 반출애굽의 방향으로 거슬러 올라가고 있다는 것임이 환히 보인 거군요.

　　나 야훼가 선고한다.

　　이스라엘이 지은 죄,

　　그 쌓이고 쌓인 죄 때문에

　　나는 이스라엘을 벌하고야 말리라.

　　무죄한 사람을 빚돈에 종으로 팔아넘기고,

　　미투리 한 켤레 값에

　　가난한 사람을 팔아넘긴 죄 때문이다.

　　너희는 힘없는 자의 머리를 땅에다 짓이기고

　　가뜩이나 기를 못 펴는 사람을

　　길에서 밀쳐 낸다.

　　아비와 아들이 한 여자에 드나들어

　　나의 거룩한 이름을 더럽힌다.

　　저당물로 잡은 겉옷을

　　제단 옆에 펴 놓고 그 위에서 딩굴며,

　　벌금으로 받은 술을 신당에서 마신다.

　　(암 2:6~8)

이런 죄악은 곧 출애급 민중해방의 신 야훼를 저버리고 그를 거역하는 일이라고 아모스는 질타하는군요.

> 누가 너희를 에집트에서 구해 냈느냐?
> 내가 아니었더냐?
> 나는 너희를 사십 년 동안 광야에서 이끌어 주었고
> 아모리족을 너희 앞에서 멸해 버렸다.
> 아모리 인들은 키가 잣나무 같았고
> 힘이 상수리나무 같았으나,
> 나는 그 열매를 가지째 땄고
> 뿌리를 송두리째 뽑아 버렸다.
> 너희의 자손들을 예언자로 세웠고
> 젊은이들을 나지르인으로 삼았다.
> 그러나 너희는 나지르인에게 술을 먹이고
> 예언자에게 입을 다물라고 명령하였다.
> (암 2 : 9~12)

나지르인은 자원해서 몸을 하느님께 바친 사람들, 그 서약 기간 중에는 머리를 깎지 않고 입에 포도나무에서 난 것을 먹지도 마시지도 않는 사람들이죠. 나지르인의 헌신도 출애급 역사의 연장선상에 있다는 거군요.

나지르인이 사막을 떠도는 반농경사회를 배경으로 한 해방운동가들이었다면 예언자들은 주로 농경문화를 기반으로 해방운동을 전개한 사람들이었다고 볼 수 있을 것 같군요.

출애굽-민중해방운동은 가나안 입주로나 왕국 수립으로 끝난 것이 아니라 면면이 계속되는 야훼의 역사라는 걸 말해 주는군요. 유목민들 사회에서도 농경 사회에서도 계속 전개되어야 한다는 거군요. 이런 뚜렷한 역사의식과 함께 민중해방운동은 아모스에게서 언어를 얻었군요. 언어를 얻음과 동시에 시적인 예술성마저 얻게 되었군요.

온몸으로 사랑을 토하는 예언자

-호세아

．．．

여로보암 2세의 치하였죠. 겉보기엔 번드르르하고 근사한데 그
속에선 죄악이 세균처럼 번져 나가는 시대였군요. 번영을 누리는
건 얼마 안 되는 지배자들이었고, 그 속에서 죽어가는 것은 민중이
었죠. 아마지야 같은 어용 예언자의 눈에는 번영만이 보였는데 들
판의 사나이 아모스의 눈에는 그 속에서 죽어가는 민중만이 보였
던 것 아닙니까? 숨을 죽인 민중의 한숨 속에서 들려오는 하느님
의 목소리는 그의 귀청을 찢는 사자의 목소리가 되어 산천에 울려
퍼졌던 것 아닙니까?

그것이 그대로 아모스의 목소리가 되었던 거죠. 아모스―그는
목소리만으로 2700년 이상이나 살아 왔군요. 인류 역사가 계속되
는 한 언제까지나 살아 있을 거구요. 오늘처럼 불의가 판을 치는
세상이라도 될 양이면 더욱 커지면서 말입니다.

몸은 역사의 저편에 숨기면서 목소리만으로 살아 있을 아모스
의 뒤를 이어 예언자로 몸을 세운 호세아는 온몸으로 흐느끼면서
사랑을 토하는 예언자로서 길이 역사의 이편에 살아 있을 모양이
군요. 살아 있으면서 역사를 열심으로 살아가려는 사람들을 두고
두고 꽤나 괴롭힐 모양이군요.

아모스는 하비루 노예해방전쟁의 전통이 강한 남쪽 유다 출신이었죠? 그런데 호세아는 농민해방군의 전통이 압도적인 북쪽 출신이었군요. 그런 점에서 호세아는 아모스의 뒤를 이은 예언자이기는 해도 한 전통을 계승한 선후배로 볼 수는 없군요.

호세아가 베델에서 불을 뿜는 아모스의 예언을 들었을 가능성은 있었겠지요. 직접 듣지는 못했더라도 간접으로라도 들었으리라고 생각하는 것이 과히 지나친 추측이라고 할 수야 없지요.

아모스의 정의와 호세아의 사랑은 결코 서로 배치되는 것이 아니죠. '정의'란 불의 앞에서 폭발하는 '사랑'의 분노이니까요. 정의는 사랑의 사회적인 표현이라고 해도 되는 것 아니겠습니까? 분노로 폭발하지 않는 사랑은 감상에 지나지 않든가 아니면 이기주의의 위장이기 십상이거든요. 정의로 실천되지 않는 사랑은 그 충분한 진폭을 못 가진다고 해도 되겠지요. 가족이라든가 계급의 이기주의라는 틀을 부술 수는 더군다나 없는 거구요. 그 대신 분노로 폭발하는 사랑이 없는 정의 또한 별 볼 일 없는 거죠. 별 볼 일 없는 것이 아니라 역사의 전진에 역작용을 하고 독소마저 될 수 있는 것 아니겠습니까?

호세아는 아모스가 외친 정의 속에서 뜨거운 사랑의 불길을 분명 느꼈던 것 같습니다. 사랑의 예언자 호세아가 정의를 반대하지 않고 이를 그의 예언에 중요한 내용으로 담고 있는 걸 보아 알 수 있습니다. 그는 묵은 땅을 갈아엎고 정의를 심으라는군요. 그러면

사랑을 거두리라고 뚜렷이 말하거든요.(호 10 : 12)

이스라엘이 망하는 걸 내다보면서 부르시는 야훼의 상여 노래가 들려올 정도라면(암 5 : 1~2), 아모스에게도 사랑의 아픔이 없었던 건 아니죠. 그러나 그의 예언은 사랑의 아픔보다는 준렬한 차가움이 서릿발을 날리고 있었던 거죠. 호세아는 이것이 좀 못마땅했던 것이 아닐까요.

에브라임아(북방 이스라엘의 대표)

너를 어떻게 하면 좋단 말이냐?

(호 6 : 4)

내가 어찌 너를 버리겠느냐?

……

네가 불쌍해서 간장이 다 녹는구나.

(호 11 : 8)

호세아의 하느님은 이같이 사랑의 아픔으로 가슴이 찢어졌던 거니까요.

아모스에게서 제2 주제로 가늘게 들려오던 것이 호세아에게서 제1 주제로 압도하며 들려오기 시작한 거죠. 아모스에게라고 종교적인 차원이 없는 건 아니지만, 그의 관심은 주로 윤리적이었죠. 호세아에게라고 윤리적인 차원이 없었던 건 아니지만 그의 주된 관심사는 종교적인 데 있었다고 해도 되겠지요. 아모스의 사회적인 관심만으론 미흡했던 관찰이 호세아의 개인적 경험으로 더 깊은 차원이 열렸다고 해도 되겠구요.

이 두 예언자의 차이는 아무래도 이스라엘의 문제를 한 사람은 밖에서 비판적으로 본 데 비해서 한 사람은 안에서 그것을 몸으로 겪으면서 보았다는 데 있는 것 같습니다. 사물을 밖에서 객관적으로 보는 일도 중요하지만 겪어 안다는 일이 얼마나 중요한 일이냐는 건 두말하면 잔소리가 되는 거죠.

모든 경험은 우선 내가 겪는 나만의 경험이죠. 그런데 같은 경험이라도 그것이 한 개인의 경험에 멎어 버릴 수도 있지만, 그것이 사회의 경험, 민족의 경험, 나아가서는 인류의 경험으로 확대될 수도 있지요. 그 경험이 하느님의 경험으로 메아리치게 되면 종교적인 차원으로까지 심화되기도 하구요. 아무리 하잘것없는 경험이라도 정직하고 성실하게 씨름하다 보면, 길고 긴 인류 역사와 우주의 비밀을 여는 열쇠가 거기서 발견된다는 말이죠.

호세아의 경험이 바로 그런 것이었군요. 호세아는 온 나라가 야훼를 저버리고 음란을 피우고 있으니 바람기 있는 여자와 결혼하여 음란한 자식을 낳으라고 명령을 받는군요.

'하느님, 해도 너무합니다' 이렇게 항의하며 거절할 만도 한데, 호세아는 이를 거절하지 않고 디블라임의 딸 고멜을 아내로 맞아들이는군요.

상식으로는 전연 이해할 수 없는 이야기죠. 그러나 예언자들의 세계를 깊은 이해심을 가지고 들여다보면 이해 못할 것도 없습니다. 호세아가 온몸으로 민족의 문제를 하느님의 아픔으로 겪고 있었다고 생각하면 하느님의 명령도 이해되고 이에 복종한 호세아도 이해됩니다. 하느님의 경험과 호세아의 경험이 일치하고 있었던 겁니다.

호세아는 근본 바탕이 음란한 한 여자에게 깊은 애정을 느끼고 있었던 겁니다. 근본이 음란한 이스라엘을 하느님이 사랑하셨듯이 말입니다.(6:7 이하, 9:10 이하, 10:9) 그 음란이라는 게 바알 예배였거든요. 모든 남자는 바알(남신)이 되고 모든 여자는 아쎄라(여신)가 되어 문란하고 추잡한 성행위에 빠져드는 것이 바로 바알 예배의 내용이었거든요. 그것이 바로 풍요한 생산을 위해 몸으로 참여하는 거룩한 행위라는 거였구요. 성소마다 바알을 전문적으로 대신하는 '거룩한 남자'(남창)들이 있었고 아쎄라를 전문적으로 대신하는 '거룩한 여자'(여창)들도 있었으니까요.

이것을 역겹게 여겼다는 점에서 호세아의 마음은 하느님의 마음과 완전히 일치했던 겁니다. 들어 보세요.

내 백성은 포도주에 마음을 빼앗겨

나무더러 물어보고

막대기더러 가르쳐 달라고 하다가

모두 음탕한 바람에 휩쓸려

제 하느님의 품을 벗어나

바람을 피우게 되었구나.

산꼭대기에서도, 언덕 위에서도

제물을 살라 바치는구나

상수리나무, 버드나무, 느티나무 그늘이 좋아

그 아래서도 제물을 살라 바치다가

너희 딸들은 바람을 피우고

너희 며느리는 외간남자와 놀아나는구나.

사내들이 성소의 창녀들을 찾고

제물을 드리며 으슥한 데를 찾는데,

너희 딸들이 바람을 피운다고 벌하겠느냐?

너희 며느리가 간음한다고 벌하겠느냐?

(호 4 : 11~14)

야훼를 저버리고 바알에게로 간다는 건 몸으로 질탕 놀아나며
바람을 피우는 배신이었군요. 종교적인 배신이 그대로 음란이었
던 거죠. 디블라임의 딸 고멜도 상수리나무, 느티나무 그늘을 찾는
배신하는 이스라엘이었고, 질탕 놀아나는 이스라엘의 딸이었던
거죠. 그런데 하느님은 배신하는 이스라엘, 질탕 놀아나는 음탕한
이스라엘의 딸들을 향한 짙은 애정을 끊어 버리지 못하시는군요.
호세아는 그것을 고멜을 향한 그의 가슴 찢어지는 사랑의 아픔에
서 동감하는 거죠.

이런 걸 사랑의 십자가라고 하면 어떨까요? 피를 철철 흘리는 십자가의 아픔 아니겠습니까? 벗어 버리고 싶어도 온몸에 달라붙어서 떨어지지 않는. 그리하여 호세아는 고멜을 아내로 맞아 아들을 얻지요. 하느님은 그의 첫아들에게 '이즈르엘'이라는 이름을 붙여 주라고 하시는군요. 이즈르엘에서 저질러진 예후의 죄를 아들에게 십자가로 지워 주는 거죠. 여로보암(2세)의 할아버지 예후가 이즈르엘에서 한 일은 아합과 이세벨의 비호를 받는 바알 종교를 박멸하는 일이었지요. 그건 백 번 잘한 일이 아니었던가요? 그런데 호세아가 보기에 그건 결코 잘한 일이 아니었군요. 왜? 예후의 혁명이 바알 종교를 박멸하고 야훼 신앙을 재건하려는 좋은 뜻으로 이룩된 것이기는 해도 그것이 이즈르엘 골짜기를 겨레의 피로 물들이면서 이룩되었다고 할 때 그것은 죄악일 수밖에 없다는 것이 호세아의 판단이었군요. 궁중 사가의 눈에 그것은 엄청난 업적으로 보였지만(왕하 9~10장), 민중의 눈으로 볼 때에 그것은 반역사적인 일로 비쳤었군요.

더더우기 야훼 예배의 미명 아래 그 내용은 바알 종교의 음란으로 채워져 있음에랴. 정신적·윤리적 혁신이 뒤따르지 않는 군사적·정치적인 혁명만으로는 아무 뜻이 없다는 게 명명백백하게 되었기에 호세아는 이즈르엘을 예후 왕조의 죄악을 상징하는 것으로 보았던 겁니다.

호세아가 남쪽 유다에서 살았다면 그는 야훼 예배의 이름으로 저질러지는 예루살렘의 죄악을 똑똑히 보았을 것 같군요. 아니, 그

는 남방 유다도 북방 이스라엘과 조금도 다를 것이 없는 죄를 짓고
하느님의 심판을 받을 것이라는 걸 말하고 있군요.

유다의 장군들이 경계선을 범하니
내가 물벼락 내리듯 분노를 퍼부으리라.
에브라임은 우상을 따르다가
원수에게 짓밟히겠고
심판을 받아 산산조각이 나리라.
나는 에브라임을 좀먹은 나무같이 만들고
유다 가문은 속이 썩은 뼈같이 만들리라.
에브라임은 죽을병이 든 줄 알아
아시리아를 찾아가고,
유다는 제 몸에 입은 상처를 보고
대왕에게 특사를 보내나,
그는 너희 병을 고치지 못하고
너희 상처를 아물게 못하리라.
나는 팔팔한 사자처럼 에브라임에게 달려들고
힘이 한창 뻗친 사자처럼 유다 가문에 달려들어
물어다 갈기갈기 찢으리니
아무도 내 입에서 빼내지 못하리라.
(호 5:10~14)

야훼의 아픔을 아무리 목청 높여 불러도 예배의 내용과 이에 걸맞는 생활이 따르지 않는다면, 그건 바알 예배보다도 더 역겨운 것이었던 거죠.

그러나 호세아는 예후 왕조의 죄악을 심판하기 전에 그 죄를 제 아들에게 지우는군요. 배신하는 음탕한 민족의 죄를 제 한 몸에 지는 것만으로도 부족해서 아들에게까지 지우다니.

다음으로 태어난 그 딸에게는 '천더기'(로 루하마)라는 이름을 붙여 주는군요. "내가 다시는 이스라엘 가문을 불쌍히 여겨 용서해 주지 않을 것이다."(호 1 : 6) 이것이 호세아의 딸에게 '천더기'라고 이름을 지어 주시면서 하시는 야훼의 말씀이시군요. 마지막으로 태어난 아들에게는 '버린 자식'(로 암미)이라는 이름을 붙여 주시면서 하느님은 이렇게 말씀하십니다.

"너희는 이미 내 백성이 아니요, 나는 너희의 하느님이 아니다."(호 1 : 9)

마침내 하느님의 아픔은 호세아의 경험에서 절정에 다다르는군요. 마침내 세 아이의 어머니, 그의 아내는 그를 배신합니다.

새끼 빼앗긴 곰같이 달려들어
가슴을 찢어 주리라.

(호 13 : 8)

이것이 배신당한 호세아의 심정인 거죠. 그리고 그것이 또한 배신당한 야훼의 마음이었거든요.

> 너희를 에집트에서 이끌어 낸 것은
> 이 야훼 너희 하느님이다.
> 너희에게 나 말고 신이 있었느냐?
> 나 말고 누가 너희를 구해 주었느냐?
> 그 메마른 땅 사막에서
> 너희를 보살펴 준 것이 나였건만
> 목장에서 풀을 뜯어 배가 부르니
> 우쭐대며 나를 잊었구나.
> (호 13 : 4~6)

이렇게 배신당한 하느님도 고멜에게 배신당한 호세아처럼, "네 년들의 가슴을 찢어 주고 싶다"고 하시는 거죠. 네년을 "알몸을 만들어 허허벌판에 내던져 메마른 땅을 헤매다가 목이 타 죽게 하리라"(호 2 : 5)고 하시는군요. 배신당한 호세아의 아픔은 짐작하고도 남지 않습니까? 재산을 불려 주었더니 금과 은으로 바알을 만들어 세우고 향을 태워 올리며 귀걸이, 목걸이로 몸을 단장하고 정부를 따라 나서는 것을 나 어찌 벌하지 않으랴(호 2 : 10~15)고 목이메어 울부짖는 것이 야훼인가요? 호세아인가요? 그것은 야훼인 동시에 호세아인 거고 호세아인 동시에 야훼인 거죠. 우리는 이 땅에서 호세아를 버리고 놀아난 고멜의 모습을 보는 것 같지 않습니까?

야훼의 찢어지는 가슴은 당시의 내노라하는 지도자들 때문이 아니었군요. 지도자를 잘못 만나 고생하는 민중 때문이었던 겁니다.

사제들아, 이 말을 들어라.
예언자들아, 똑똑히 들어라.
왕족들아, 귀를 기울여라.
법을 세워야 할 너희가
미스바에 놓은 덫이라니
다볼에 친 그물이라니
시띰에 판 함정이라니.
(호 5 : 1~2)

이 백성은 너희 때문에 망한다.
(호 4 : 5)

이렇게 해서 이스라엘은 제 발로 죽을 땅에 들어가는 신세가 되었군요.(호 8 : 4) 그것이 그대로 고멜의 신세이기도 하였군요. 고멜은 이미 자유의 몸이 아니었습니다. 아이 셋까지 낳은 여자가 놀아난들 얼마나 가겠습니까? 고멜은 은 열다섯 세겔과 보리 한 호멜 반을 지불하고 되사오지 않으면 안 되는 처참한 자리에 떨어져 있었군요. 이것이 종 하나의 매매가격이라니까, 고멜은 이미 여자의 매력을 잃고 노예로 팔린 몸이 되었다고 보는 것이 옳을 것 같습니다.

"너는 정부와 놀아났던 네 아내를 찾아가 다시 사랑해 주어라."(호 3:1)

'당치도 않습니다'며 거절할 수 있는 호세아가 아니었군요. 이스라엘이 다른 신에게 마음이 쏠려 건포도 과자 따위나 좋아하는데도 야훼께서는 여전히 이스라엘을 사랑하고 계시다는 걸 알고 있었으니까요.(호 3:1)

바알이라고 하지 않고 '다른 신'이라고 했군요. 출애굽의 신 야훼, 해방자 야훼를 저버리고 풍요와 향락만을 보장하는 바알에게로 갔던 이스라엘은 이제 아시리아나 에집트의 사슬에 묶이는 신세가 되어 있었군요. 이 민족 저 민족에게 빌붙은 신세가 되었군요.(호 7:8) 외세가 제 힘을 먹어치우는데도(호 7:9) 그것도 모르고 에집트로 가고 아시리아로 가서 살려 달라고 애원하는 신세가 되었군요.(호 7:11) 뭇 민족 속에 파묻혀 아무도 거들떠보지 않는 쓰레기가 되었군요. 외로이 떠도는 들나귀같이 선물로 사랑을 사려고 아시리아로 에집트로 가는 신세가 되었군요.(호 8:8~9)

찢어 죽이고 싶던 미움은 드디어 모든 걸 감싸 주고 흙탕물을 샘물로 만드는 사랑의 기적으로 변신하는군요.

에브라임아, 내가 어찌 너를 버리겠느냐?
이스라엘아, 내가 어찌 너를 남에게 내어주겠느냐?

나는 사람이 아니고 신이다.

나는 거룩한 신으로 너희 가운데 와 있지만,

너희를 멸하러 온 것이 아니다.

이 백성은 사자처럼 소리치는 나의 뒤를 따라오리라.

내가 소리치면

내 자손은 서쪽에서 달려오리라.

에집트에서 참새처럼 날아오고

아시리아에서 비둘기처럼 날아오면

나는 내 백성을 저희 집에 살게 하리라.

(호 11 : 8~11)

거룩한 사랑이 모든 더러운 걸 불사르면, 에집트에서 나오던 때, 한창 피어나던 시절 같은 첫사랑이 되살아날 것이라고 하는군요.(호 2 : 16~17) 이 정도가 되면 사랑의 완전한 승리라고 해야 하지 않겠습니까? 사랑만이 마지막 승리라고 해도 되겠군요. 모든 걸 주면서 세상을 새롭게 하는 사랑은 제 새끼마저 화살받이로 내세우는(호 9 : 13) 쟁탈전의 명수들이 사는 저 윗동네에는 없군요. 그건 인생이 그대로 아픔인 민중들에게만 있군요.

이렇게 해서 온몸으로 사랑이었던 호세아는 온몸으로 예언자였군요.

시온의 예언자
-이사야

．．．

　해방신 야훼와 사랑을 주고받으며 살아야 곡식도 포도주도 기름도 아쉬움 없는 세상이 된다(호 2 : 23~25)고 호소한 사랑의 예언자 호세아의 시대는 여로보암 2세의 시대(주전 738~743)에서 시작되지요. 이 시기는 아시리아가 주변 약소국들을 괴롭힐 힘을 잃은 시기였답니다. 그 시기에 남방 유다에서도 우찌야라는 임금이 41년 동안이나(주전 781~740) 태평성대를 누리지요. 호세아의 예언활동은 그 후로 남방 유다 왕 요담, 아하즈, 히즈키야의 시대(주전 716~687)에까지 이른다고 기록되어 있군요.(호 1 : 1)

　이 기간에 호세아의 나라 북방 이스라엘은 모반과 반란의 대혼란기를 겪습니다. 여로보암 2세의 아들 살룸은 등극한 지 한 달 만에 므나헴에게 죽고 므나헴은 아시리아에게 시달리다가 죽은 다음 그의 아들 브가히야가 등극하지만 겨우 2년 동안 왕 노릇 하다가 부관 베가의 반란으로 죽습니다. 베가는 아시리아 왕 디글랏빌레셀의 침략을 받아 많은 영토를 잃지요. 그러다가 5년 만에 호세아의 반란으로 죽고 맙니다. 호세아는 에집트의 힘을 빌어 아시리아의 지배를 벗어나려다가 9년 만에 나라를 잃은 망국의 왕이 됩니다. 때는 주전 721년.

호세아는 그 시대를 이렇게 말하는군요. "모여들었다 하면 꾸미는 일은 음모. 화덕처럼 마음에 불을 지피고 밤새 타는 가슴을 잠재우다가도 아침이 되기가 무섭게 불꽃을 통기는 것들. 모두들 솥처럼 달아올라 통치자를 하나하나 잡아 삼키니 왕은 뒤이어 거꾸러지는구나."(호 7 : 6~7) 호세아는 망국의 원인을 혼란이라는 내인에서만 보았고 국제음모라는 외인이 있었다는 것은 몰랐군요.

호세아가 북방 이스라엘의 문제를 부둥켜안고 씨름한 시대는 동명이인인 호세아라는 왕이 아시리아에 붙잡혀 가고 사마리아가 함락된 후 남방 유다의 히즈키야 왕(주전 716~687) 시대에까지 이르는데 이사야가 예루살렘에서 남방 유다의 문제를 부둥켜안고 씨름한 시기도 거의 같은 시기였군요. 그의 소명이 우찌야 왕이 죽던 해(주전 740년)였던 것으로 보아 이사야는 호세아보다는 조금 늦게 예언자로 나섰다고 보입니다.

이제 호세아에게서 이사야에게로 눈을 돌려 볼까요. 그 전에 이 두 이름이 무슨 뜻인지 생각해 보고 넘어가야 할 것 같군요. 엘리야의 이름이 그의 예언 활동의 내용을 신앙고백의 형식으로 표현한 것 아니었습니까? 이 두 예언자의 이름에도 그런 뜻이 담겨 있습니다.

호세아도 이사야도 여호수아와 같은 뜻을 가진 이름입니다.

이 이름들의 뜻이 '구원'이라는 것은 알 만한 사람은 다 아는 일이지요. 하지만 이 말의 본뜻이 '활짝 열린 넓은 공간'이라는 건 전문가라야 아는 일이지요. 이건 아마 감옥에 갇혀 본 사람이나 실감하는 일일 겁니다. 갇힌 사람에게 구원은 좁은 공간에서 넓은 자유의 공간으로 나서는 일이거든요. 좁은 갇힌 공간에서 넓은 자유의 공간으로 나서는 데 구원은 '도움'으로 온다는 것이 성서의 가르침입니다. 그러고 보면 여호수아도 호세아도 이사야도 예수도 다 억압된 민중의 해방을 향한 몸부림이요, 그 몸부림을 도우러 오신 하느님의 마음이요 힘이군요. "하늘은 스스로 돕는 자를 돕는다"는 서양 속담에서 성서의 구원신앙이 제대로 이해될 것 같군요.

이사야는 남방 유다의 명군 우찌야가 죽던 해에 성전에 들어가서 기도하다가 예언자로 나서지요.(사 6장) 우찌야의 죽음이 그의 닫힌 눈을 뜨게 했고 막힌 귀를 열어 주었고 재갈이 물렸던 입을 열어 주었다는 말이지요.

그러면 우찌야 왕의 죽음이 무엇이기에 타고난 시인 이사야에게 그렇도록 커다란 충격을 주었을까요? 그는 우찌야 왕이 죽기까지 세상 돌아가는 걸 모두 잘되어 간다고 생각했던 것 같습니다. 여로보암 2세의 치하에 자라 가는 국력을 보고 태평성세를 노래하던 어용 사제 아마지야와 별다를 것이 없었던 거죠. 때는 저 북쪽 메소포타미아에서 디글랏빌레셀 3세가 아시리아의 지배자로 등장하면서(주전 745년) 세계가 불안과 공포에 떨고 있는 때였습니다. 그런 때에 하늘같이 믿던 명군 우찌야가 죽었다는 소식은 이사야에게 커다란 충격이 아닐 수 없었던 거죠. 예상했던 대로 디글랏빌레셀의 거센 바람은 다마스커스와 사마리아 불레셋 둥지를 휩쓸면서 예루살렘 문지방을 뒤흔드는 데까지 이릅니다. 개국 이후로 처음 당할 일대 위기를 예감하면서 이사야는 성전을 찾아 야훼 앞으로 나가지요.

거기서 그가 본 환상은 장엄한 것이었습니다. 야훼께서는 드높은 보좌에 앉아 계시는데, 그의 옷자락은 성소를 덮고 있었다는군요. 그런 숭엄한 광경에 압도되어 있는데 활활 타오르는 불길(스랍)들이 날개 여섯씩 가지고 날고 있었으니 얼마나 소름이 끼쳤겠습니까? 그 불길 하나하나가 날개 둘로는 얼굴을 가리고 둘로는 발을 가리고 나머지 둘로는 훨훨 날면서 서로 주고받으며 "거룩하시다, 거룩하시다, 거룩하시다. 만군의 야훼, 그의 영광이 온 땅에 가득하시다"고 외치는 것이었으니.

그 거룩하신 하느님 앞에서 이사야는 두려워 떠는 것이었습니다. 거룩하신 하느님 앞에서 이사야는 왜 유독 입술이 더러운 걸 죽을죄라고 경험했을까요? 민족의 죄의 핵심이라고 경험했을까요? 그걸 밝혀 주는 것을 29장 13절에서 찾을 수 있군요.

이 백성은 말로만 나와 가까운 체하고
입술로만 나를 높이는 체하며
마음은 나에게서 멀어져만 간다.

모두들 '야훼여, 야훼여' '주여, 주여' 하면서 마음에는 욕심이 가득 차서 온갖 못할 짓들을 하고 있는 때였습니다. 이사야의 양심은 '야훼여, 야훼여' 하는 소리를 잠꼬대처럼 하며 잠결에 들으며 깊은 잠에 빠져 있었던 거죠. 민족의 일대 위기 앞에서 눈을 와짝 뜨고 보니, '주여, 주여' 하는 소리가 얼마나 속임수라는 걸 알게 되었던 거죠. 하느님을 속이고 겨레를 속이고 자신을 속이는 속임수라는 걸. 입술만 놀려 하느님을 속이려 드는 것들은 제 이웃을 속이는 것이죠. 결국은 자신을 속이는 일인 거구요. 그들은 하느님을 우습게 알고 빈정거리는 예루살렘의 통치자들이었군요. 그들의 말을 한번 들어 볼까요?

> 우리는 죽음과 계약을 맺었다.
> 저승과 협정을 체결하였다.
> 채찍이 짓부수며 지나가도
> 우리에게는 안 미친다.
> 거짓말이 우리의 대피소요
> 속임수가 우리의 은신처라.
> (사 28 : 15)

죽음, 저승과 계약을 맺고 협정을 체결했기 때문에, 거짓말이 대피소요 속임수가 은신처이기 때문에 저희는 절대 안전하다는 거군요. 어림도 없는 소리 아닙니까? 거짓말로 꾸민 너희 대피소는 우박을 맞아 부서지고 그 은신처는 물에 휩쓸려 갈 것이라고 하는군요.(사 28 : 17) 포승에 꽁꽁 묶이지 않으려거든 이제 그만 기고 만장해서 하느님을 빈정거리고 겨레를 속이려 들지 말라고 하시는군요.(사 28 : 22) 반공법이니 국가보안법이니 하며 온갖 속임수에 몸을 숨기고 마구 사람잡이를 하던 이 땅의 권력자들도 이미 그 악법이 은신처가 되지 않는 걸 발견하고 지금쯤은 후회막급이 아닐까요? 하느님을 우습게 알고 빈정거리며 남을 속인 일들이 모조리 저 자신을 속인 일이라는 게 드러나면서 지금은 숯불에 올라앉은 참새가 되어 있는 게 아닐는지. 생각하면 가엾기조차 합니다. 남 잡이가 저 잡이라는 걸 알아야지.

이사야는 거룩하신 하느님 앞에서 거짓말과 속임수로 더러워진 입술의 죄를 고백하고 스랍이 갖다 대는 숯불로 입술이 깨끗하게 되면서 겨레의 죄의 참모습을 보게 되었고 거짓이 아니라 참을 말하는 예언자가 되었군요. 참 앞에서 거짓은 눈이 어두워지고 귀 먹는다는 걸 이사야는 깨달은 겁니다. 참 앞에서 속임수가 자기를 정당화하려다 보니까 마음이 꽉 막혀 버린다는 것도.(사 6 : 9~10)

이 거짓, 이 속임수가 와장창 깨지고 무너지고 뿌리가 뽑혀야 역사가 바른 길에 들어선다는 거죠. 말하자면 위기의 원인이 밖에 있는 것이 아니라 안에 있다는 거죠.

얼마나 심각하냐구요? 국민 열에 하나가 남았다 하더라도 그들마저 상수리나무 참나무 찍히듯이 쓰러지고 등걸만 남으리라는 겁니다. 그야말로 싹쓸이를 당해야 한다는 거군요. 예루살렘에서는 사마리아에서처럼 바알을 예배하는 일이 없었던 겁니다.

그런데 야훼를 예배한다면서 하는 짓거리들이 바알을 예배한다면서 하는 짓거리들과 조금도 다를 것이 없다는 걸 발견하고 이사야는 뒤통수를 쇠망치로 얻어맞은 것이었죠. 바알의 이름이 아니라 야훼의 이름으로 저질러지는 죄악은 더욱 가증스럽고 더욱 벌받을 일 아니겠습니까? 현 체제는 깡그리 청산되고 모든 것이 아주아주 새롭게 시작되어야 한다는 말 아니겠습니까?

싹쓸이를 해야겠다는 야훼의 선언은 24장에 잘 나타나 있군요.

> 보아라. 야훼께서 온 땅을 황야로 만드신다.
> 땅바닥을 말끔히 쓰시고 주민을 흩으신다.
> 하녀도 주부도 종도 상전도 구별 없다.
> 빌리는 이도 빌려주는 이도
> 채무자도 채권자도 구별이 없다.
> 온 땅이 말끔히 싹쓸이를 당하리니
> 남은 것은 돌더미뿐이리라.
>
> (사 24 : 1~3)

머리는 상처투성이요 속은 온통 병들었으며 발바닥에서 정수리까지 성한 데 없이 상하고 멍들고 맞아 터진 것이 예루살렘의 번영과 영화의 속살이라는 게 이사야의 눈에 보이게 되었군요.(사 1 : 4~9)

왜 우찌야 왕이 죽기까지 이사야는 번영 속의 이 죄악을 몰랐을까요? 그는 예루살렘의 지배계층과 밀착되어 있었던 겁니다.

어용 예언자라고 해도 변명할 여지가 없는 사람이었던 겁니다. 그는 도시인이었습니다. 도시의 번영에 깔려 죽어 가는 농민들의 참상이 보이지 않았던 겁니다. 도시에서도 가진 자들의 시각이 바로 그의 시각이었습니다. 그가 귀족적이었다는 건 3장 9절에 잘 나타나 있습니다. 소명의 충격으로 눈을 뜬 다음에 한 말인데도 쌍놈들이 양반들에게 마구 덤비는 세태가 되었다고 개탄을 하고 있거든요. 그의 야훼는 노예들과 함께 뒹굴고 몸부림치는 신이 아니라, 왕궁 성전에 드높이 앉아 예배를 받으시는 신이었거든요. 억압받는 민중이 울부짖기도 전에 그들 속에서 울부짖으시는 신이 아니라, 함부로 접근할 수 없는 왕이었거든요. 실제로 이사야는 왕의 측근이었습니다.

그는 출애굽의 해방을 한 번도 입에 올리지 않습니다. 그의 신앙의 출발점과 근거는 출애굽이 아니라 다윗 왕이요, 그의 도성 시온이었습니다. 시리아-에브라임 연합군이 쳐들어오자 왕의 마음과 백성의 마음은 사시나무 떨듯 하였다고 합니다.(사 7 : 2) 이사야는 왕 아하즈를 만나 "진정하라. 안심하라. 겁내지 말라"(사 7 : 4)고 합니다. 아시리아 왕 산헤립의 군대가 예루살렘을 독안에 든 쥐처럼 에워싸고 항복을 권고할 때 이사야는 히즈키야 왕에게 아시리아 왕의 아첨배들이 야훼를 비방하는 말을 가지고 놀라지 말라고 합니다.(사 37 : 6) 야훼를 비방하고 골리앗 앞에서 모두 겁에

질려 있을 때 그 비방을 비웃어 주면서 돌팔매로 골리앗을 때려누인 다윗의 믿음을 가지라는 거죠. 그리고 야훼께서 지켜 주시는 다윗의 도성 시온은 난공불락이라는 것을 그는 굳게 믿고, 저 나라에 기댈 것도 없고 이 나라를 무서워할 것도 없다는 거죠. 이것이 이사야의 중립론의 근거였던 겁니다.

현 체제가 찍혀 넘어가고 난 다음에도 새싹이 돋아나야 할 그루터기는 여전히 '이새의 그루터기'였습니다.

> 이새의 그루터기에서 햇순이 나오고
> 그 뿌리에서 새싹이 돋아난다.
> (사 11:1)

그가 믿는 시온은 성실한 마을, "법이 살아 있고 정의가 깃들이는 곳"(사 1:21)이어야 했습니다. 그런데 그 성실하던 마을이 창녀가 되었다며, 법이 살아 있어야 하고 정의가 우뚝 서 있어야 할 곳이 살인자들의 세상이 되었다며 이사야는 가슴을 칩니다. 지도자들은 반역자가 되고 도둑떼가 되었으니 이사야의 눈에서 피 눈물이 어찌 안 쏟아지겠습니까? 모두들 뇌물에만 마음이 팔려서 고아의 인권을 짓밟고 과부의 송사를 외면하는 세태에 이사야의 마음은 갈기갈기 찢기었군요.

그러니 예루살렘의 싹쓸이를 면할 길이 어디 있었으리오. 이사야가 우러르는 거룩한 하느님 야훼는 그냥 아무나 두려워 떨게 만드는 신이 아니었습니다. 속임수로 약자를 찍어 누르고 착취하는 강자만을 두려워 떨게 만드는 신이었습니다. 이스라엘의 거룩하신 하느님을 거룩하게 섬겨야 할 까닭이 29장 15절에서 24절까지 잘 표현되어 있군요. 하늘 두려운 줄 모르니 사람 두려운 줄 알겠어요? 그런 폭군들이 사라지고 눈에 불을 켜고 나쁜 짓만 찾아다니던 놈들이 간데없이 되는 날이 오리라고 합니다. 그날이 오면 귀머거리들이 책 읽는 소리를 듣고 소경이 눈을 뜨고 대명천지를 활보하게 되고, 천대받던 사람이 야훼 앞에서 마냥 기쁘기만 하고 빈민들은 이스라엘의 거룩하신 이 야훼 앞에서 흥겨워하리라는군요. 야훼의 거룩하신 위엄 앞에서 강자들은 숨기려던 흉계가 드러나고 그 악행이 밝혀져 쥐구멍을 찾게 된다는 거죠. 그리 되면 약자들에게는 하느님의 거룩하심이 두려움이 아니라 해방의 기쁨이 된다는 말이군요. 춤이 되고 노래가 된다는 말이군요.

시온이 싹쓸이를 당한 다음에도 새 역사는 역시 시온에서 시작되리라는군요. 장차 어느 날인가 야훼의 집이 서 있는 산이 모든 멧부리 위에 우뚝 솟아나고 모든 언덕 위에 드높이 치솟아 만민이 이리로 물밀듯 밀려들리라는군요. 법은 시온에서 나오고 야훼의 말씀은 예루살렘에서 나온다고 외치면서, 그리 되면 예루살렘은 세계 평화의 중심이 될 것이라고 하는군요. 시온에서 하느님은 국제분쟁을 심판하시고 민족 간의 분규를 조정하실 터인데, 그리 되면 나라마다 칼을 쳐서 보습을 만들고 창을 쳐서 낫을 만들게 되리라는군요.(사 2 : 1~5) 이사야의 하느님 야훼는 하늘 높이 계시지

만, 시온을 법과 정의로 채우시는 하느님이시군요.(사 3:5)

그런데 이사야의 시온 신앙에는 다른 뿌리가 있었습니다. 다 말라빠진 그루터기에서 돋아날 새싹 신앙이었습니다. 그게 어디냐고 하면 그게 바로 광야였습니다. 사막에 먹혀 들어가는 농경지대와 광야의 접경지대인 거죠. 거기가 바로 다윗이 야훼의 이름으로 하비루 해방군을 일으킨 곳이지요. 시온의 난공불락 신앙과 하비루 해방신앙이 이사야에게서 접목되었군요. 거기에 농민해방군 전통도 접속되는 거구요. 어두움 속을 헤매는 사람들이 큰 빛을 볼 해방의 날에 해방신 야훼께서 주실 기쁨은 "곡식을 거둘 때의 기쁨"이라고도 하고 "전리품을 거둘 때의 기쁨"이라고도 하더군요.(사 9:2) 농민해방 노예해방을 완성할 메시아는 다윗의 후손이라는 것 아닙니까? 그가 평화의 왕인 거구요.(6절) 그가 세울 정의는 농민해방이요 노예해방인 거구요.(4절)

이사야가 농민해방전쟁에 대해서 결코 닫힌 자세가 아니었다는 것은 "곡식을 거둘 때의 기쁨"이라는 이 한 구절 때문만이 아닙니다. 그는 하느님을 유다나 시온의 '거룩한 이'라고 부르지 않고 꼭 '이스라엘의 거룩한 이'라고 부르더군요.

새싹 신앙에는 이 세 흐름이 다 흘러 들어와 있는 것 같군요. 이 세 흐름이 한 큰 물줄기를 이루어 둘째 이사야(사 40~55)와 셋째 이사야(사 56~66)를 거쳐 예수에게 이르는 거죠. 내가 보기에 이 세 흐름 중에서 핵심이 되는 것은 해방자 야훼의 손에서 날아가 골리앗을 쓰러뜨리고 해방을 성취한 다윗이었습니다. 그 무대는 시온으로 들어오기 전 늑대, 표범, 사자, 곰, 살모사, 독사가 우글거리는 광야였구요. 그런데 그 늑대가 새끼양과 어울리고 그 표범이 숫염소와 함께 뒹굴며 그 새끼사자가 송아지와 함께 풀을 뜯으리라는 거군요. 그 곰이 암소와 벗이 되고 그 사자가 소처럼 여물을 먹으리라는군요. 그렇군요. 사자가 소처럼 여물을 먹는 세상이군요. 광야의 사자가 농사꾼의 세계로 돌아오는군요. 젖먹이가 살모사의 굴에 손을 넣어 만지며 좋아할 거라는군요. 광야의 무법자들이 꿈꾸는 세계가 바로 이런 평화라니.(사 11 : 6~9)

한데 그 평화는 이새의 그루터기에서 돋아난 새싹이 해방자 야훼의 영을 받아 겉만 보고 재판하지 않고 말만 듣고 시비를 가리지 않으며, 가난한 자들의 재판을 정당하게 해 주고 농투사니들의 시비를 바로 가려 줌으로 이룩되리라는 것이거든요.(사 11 : 1~5) 시온이 야훼의 보호를 받아야 한다면 그 까닭은 오로지 시온의 새 임금은 정의로 허리를 동이고 성실로 띠를 띠고 평화를 이룩하겠기 때문이라는 거군요.

농민 예언자
-미가

．．．

환장허겄네 환장허겄어

아, 농사는 우리가 쎄빠지게 짓고

쌀금은 저그덜이 편히 앉아 올리고 내리면서

며루 땜시 농사 망치는 줄 모르고

나락도 베기 전에 풍년이라고 입맛 다시며

장구 치고 북 치며

풍년 잔치는 저그덜이 먼저 지랄이니

우리는 글면 뭐여

   한국의 농민시인 김용택님의 '마당은 비뚤어졌어도 장구는 바로 치자'라는 시의 첫 부분입니다. 한국의 현실비판의 특징은 익살에 있다는 걸 알 만하지 않습니까? 한국 농민의 익살은 이렇게 이어져 가는군요.

재주는 곰이 부리고 돈은 뙤놈이 따 먹는 격이여

아, 그렇잖혀도 환장헐 일은 수두룩허고

헐 일은 태산 겉고 말여

생각허면 생각헐수록

이 갈리고 치 떨리능 게 전라도 논두렁이라고

말이 났웅게 말이지만 말여

......

두 눈 시퍼렇게 뜬 눈 앞에서

생사람 잡아 논두렁에 눕혀 놓고는

하늘 무서운 줄 모르고 똥 뀌고 성내며

사람 환장혀 죽겄는지 모르고

곪은 데는 딴 데다 두고 딴소리 허면서

내가 헐 소리 사돈들이 혔잖어

아, 시방 저그덜이 누구 땜시 호강 호강 허간디.

한국의 농민들은 지금 봄부터 겨울까지, 꼭두새벽부터 밤중까지 손이 갈퀴가 되게 일을 해도 총각들은 서른이 넘도록 장가도 못 가고 쌓이는 것은 빚뿐이거든요. 부모가, 남편이, 아내가, 자식이 병들어도 약 한 첩 써 보지 못한 억울한 가슴으로 북망산에 묻어야 하게 되어 있거든요. 이 살갗 찢어지는 아픔으로 이를 갈면서도 우리의 마음에는 여유라는 게 있는 걸까요? 아니면 어떻게 해 볼 도리가 없는 절벽 앞에서 넋두리라도 하지 않고는 못 견디는 심정일까요? 이렇듯 구성진 익살이 흘러나오다니.

2700여 년 전이군요. 이사야보다 조금 늦게, 그러나 이사야가 예루살렘에서 예루살렘-시온 신앙을 외치는 동안 모레셋이라는 작은 마을에서 농민들의 피나는 아픔을 부둥켜안고 입을 연 예언자 미가는 그게 아니었군요.

> 내 겨레에게서 가죽을 벗기고
> 뼈에서 살을 발라내는 것들아
> 살을 뜯고 가죽을 벗기고 뼈를 바수며
> 고기를 저미며 남비에다 끓이고
> 살점을 가마솥에 삶아 먹는 것들아.
> (미 3:2~3)

익살이나 뇌까릴 여유 같은 거 통 없어 보이죠. 절벽이 무너져 깔려 죽을 테면 죽으라지 하면서 피투성이가 되어 들이받는 목소리군요. 미가는 이 욕설을 야곱 가문의 어른이라는 것들, 이스라엘의 지도자라는 것들을 향해서 쏟아붓는군요. 예언자들은 '이것은 야훼의 말씀이다'라든가 '야훼, 이렇게 말씀하신다' 하면서 하느님을 대변하는 게 보통인데, 미가는 여기서 '이건 내 말이다'(미 3:1)고 주장을 하는군요. 대담하다면 대담무쌍이라고나 할는지. 아뭏든 홀랑 벗은 인간 미가의 뜨거운 목소리인 거죠.

뜨겁기만 한 게 아니라 확신에 찬 목소리입니다. 모든 예언자들이 입에 먹을 것만 물려 주면 잘되어 간다 잘되어 간다고 떠들다가도 입에 아무것도 넣어 주지 않으면 트집을 잡는 세상이 되었는데, 예언자들에게서 태양이 사라져 대낮인데도 눈앞이 캄캄하게 되었는데, 미가는 야곱의 반역죄를 규탄할 힘과 용기가 있다고 만용 아닌 용기를 피력하는군요.(미 3 : 5~8)

미가는 그의 선배 아모스처럼 가문이 밝혀져 있지 않습니다. 이렇다 할 가문 출신이 못 되었던 겁니다. 그러나 그는 다른 미가들과 어떤 식으로든 구별되어야 할 사람이었습니다. 그래서 그를 모레셋 사람이라고 그의 출신지를 밝힌 겁니다. 아모스를 드고아의 목자라고 한 것처럼 말입니다. 아모스나 미가에게서 터져 나오는 분노는 바로 억눌리고 짓밟힌 민중에게서 터져 나오는 불길이었던 거죠. 이것은 호세아에게서 나타나는 배신의 아픔과는 성질이 다른 것이었습니다. 이사야에게서처럼 위에서 쏟아지는 심판의 불길과도 다른 것이었구요.

이 쥐일 놈들아
권력을 잡았다고
자리에 들면 못된 일만 꾸미다가
아침 밝기가 무섭게 해치우는
이 악당들아,
탐나는 밭을 만나면
그 밭을 빼앗는 정도가 아니라
밭 임자까지 종으로 부려먹는 것들아
탐나는 집을 만나면

그 집을 제 손에 넣을 뿐 아니라

집주인까지 종으로 삼는 것들아.

(미 2 : 1~2)

어쩌면 미가 자신이 당한 일인지도 모르죠. 미가가 직접 당하지 않았대도 가까운 일가나 이웃이나 벗이 당한 일이었는지도 모르죠. 아뭏든 미가는 제 살이 저며지고 뼈가 바수어지는 것을 느끼면서 외치는군요.

이 죄악이 어디서 오는 걸까요? 그것이 바로 절대 권력이 자리 잡고 있는 나라의 서울일밖에 없는 것 아니겠습니까? 그래서 미가는 이렇게 외치는군요.

야곱 가문의 반역죄는 무엇이냐?

그게 바로 사마리아다

유다 가문의 죄는 무엇이냐?

그게 바로 예루살렘이다.

(미 1 : 5)

너희는 백성의 피를 빨아 시온을 세웠고,

백성의 진액을 짜서 예루살렘을 세웠다.

(미 3 : 10)

북방 이스라엘의 죄를 똘똘 뭉쳐 놓았더니 그게 그대로 수도 사
마리아였다는 것 아닙니까? 예루살렘은 남방 유다의 죄의 내용이
라는 거였고. 사마리아가 이스라엘이 젊어진 죄악이요, 유다가 짊
어진 죄악은 예루살렘이라는 것 아닙니까?

> 야훼의 가르침은 시온에서 나온다.
>
> 야훼의 말씀은 예루살렘에서 들려온다.
>
> (미 4 : 2)

이 말은 이사야의 예루살렘 신앙의 메아리입니다.(사 2 : 3) 미
가의 눈에 권력과 부가 집중되어 있는 수도 예루살렘은 죄악의 근
원이었던 거죠. 왜? 시온은 백성의 피를 빨아 세운 도시였기 때문
이죠. 예루살렘은 백성의 진액을 짜서 세운 도시이기 때문이죠.

이건 그대로 신성모독 아니겠습니까? 출애급의 역사, 노예해방
의 역사를 이룩하신 야훼의 법궤가 보관되어 있고 장엄하고 경건
한 예배가 끊임없이 야훼께 바쳐지는 성소가 있는 예루살렘, 노예
해방의 역사를 성취한 성군 다윗의 도성 시온이 그대로 몽땅 죄악
덩어리라는 거니까요. 그러나 어쩌리오. 성전이 제아무리 엄숙하
고 아름다와도 그것이 힘없는 민중의 피로 붉게 물든 죄악의 포장
에 지나지 않을 때, 억압과 착취의 겉치레에 지나지 않을 때, 그건
천벌을 면할 길 없는 위선인 데야.

미가의 이 외침이 먼 훗날 예레미야를 죽을 자리에서 건져 내리

라고 누가 생각이나 했으리오. 도둑질하고 살인하고 간음하고 위증하는 온갖 죄악을 저지르면서도 "이건 야훼의 성전이다. 야훼의 성전이다. 야훼의 성전이다"(렘 7 : 4)라는 빈말을 믿고 안심하는 사람들에게 하느님은 "나의 이름으로 불리는 이 집이 너희 눈에는 도둑의 소굴로 보이느냐?"(렘 7 : 11)고 야단을 치시거든요. 이 말을 듣고 예루살렘 신앙인들(주로 사제들과 예언자들)은 "어찌하여 야훼의 이름을 빌어 이 성전이 실로처럼 되고 이 성읍이 허물어져 사람이 못 살게 된다고 하느냐?"고 하며 예레미야를 놓고 고관들과 백성들 앞에 나아가 고발하거든요. 그때 그를 사지에서 건진 것이 바로 미가의 예언이었습니다. 지방 장로들 몇이 일어나서 그를 변호합니다. 유다 왕 히즈키야 시대에 모레셋 출신 미가라는 예언자가 이런 말을 했다는 거거든요.

시온은 갈아엎은 밭이 되고
예루살렘은 돌무더기가 되고
성전이 서 있는 이 산은 잡초만이 무성한 언덕이 되리라.
(렘 26 : 18)

이런 말을 했다고 해서 히즈키야가 그를 죽였느냐는 거거든요. 도리어 회개하고 마음을 바로잡아 살아나지 않았느냐는 거거든요.

미가의 말대로, 예레미야의 말대로 예루살렘이 바빌론군에게 함락당하지요. 그게 주전 587년의 일입니다. 바빌론 포로생활을 끝내고 돌아와서 둘째 성전을 세운 것은 주전 516~515년이었습니다. 그걸 즈루빠벨의 성전이라고도 부르죠. 페르샤의 총독으로 성전 건축의 총책임자였던 즈루빠벨의 이름을 딴 것이죠. 세 번째로 재건된 것은 주전 20년 헤로데가 유대인들의 인심을 얻으려고 재건했던 것 아닙니까? 예수님이 돌 하나도 제자리에 그대로 얹혀 있지 못하고 다 무너지고 말리라고 한 성전이 바로 헤로데 성전이었던 거죠. 솔로몬의 성전도 파괴되었는데 헤로데의 성전이야 말해서 더 뭘하랴지요. 그리고 보면 예수님은 이사야의 전통이 아니라 미가-예레미야 전통에 서 있었군요.

한데 그 미가마저도 예루살렘-시온 신학에 세뇌되었달까, 예루살렘의 다가오는 멸망을 내다보며 가슴 메어 울부짖는군요.

> 나는 발가벗은 채
> 맨발로 돌아다니며 가슴을 치며
> 울어야겠구나
> 여우처럼 구슬피
> 타조처럼 애처롭게
> 울어야겠구나
> 사마리아가 받은 천벌
> 그 불치의 병이 유다에까지 번져 왔구나
> 마침내 예루살렘에 다다랐구나.
> (미 1:8~9)

하기사 좀처럼 눈물을 보이지 않던 예수님도 예루살렘이 망할
날을 내다보며 흐느껴 우셨으니,

예루살렘아! 예루살렘아!
너는 예언자들을 죽이고
하느님이 보내신 이들을 돌로 치는구나.
암탉이 병아리를 날개 아래 모으듯이
내가 얼마나 네 자녀들을 품에 안으려고 했는지 아느냐.
그러나 너는 얼굴도 돌리지 않았다.
너희 성전은 하느님께 버림받아
돌더미가 되리라.
'주의 이름으로 오시는 이여,
찬미 받으소서' 하고
너희 입으로 찬양하게 될 그때까지
너희는 나를 다시 못 보리라.
(마 23 : 37~39)

아무래도 미가는 철저한 민족주의자였다고 해야 할 것 같군요.
물론 예수님도. 그러나 그들이 온몸으로, 살갗 찢어지는 아픔으로
사랑한 민족은 권력과 부를 독점하고 민중을 억압하고 착취하는
기득권자들이 아니라는 건 말할 나위가 없죠. 미가의 민족은 예루
살렘의 영화를 드날리도록 피를 빨리는 농민들이었습니다. 예수

님의 민족은 물론 갈릴래아의 농민과 어민이었던 거구요.

그런데 왜 미가도 예수님도 예루살렘을 생각하며 통곡해야 했던가요? 이 점은 예루살렘-시온 신앙을 굳게 세운 이사야에게서 해명될 것 같습니다. 미가도 이사야와 같은 심정이었을 것입니다. "어쩌다가 성실하던 마을이 창녀가 되었는가! 법이 살아 있고 정의가 깃들이던 곳이 어쩌다가 살인자의 천지가 되었는가!"(사 1 : 21) 이것이 바로 미가의 심정이었다고 보아 틀림없습니다. 예루살렘의 멸망을 내다보며 터뜨리셨던 예수의 울음은 무엇이었던가? 예루살렘은 갈릴래아 농민들과 어민들을 가려 주는 날개여야 하는 건데, 그게 아니고 도리어 갈릴래아 농어민을 로마와 함께 이중으로 억압하고 착취하는 적이 되어 있었던 겁니다. 예수의 슬픔은 바로 여기 있었던 겁니다.

평화롭게 살고 싶은 백성을 원수로 삼아 덮치고 전쟁포로인 양 옷을 벗기고 부녀자들을 보금자리에서 몰아내는(미 2 : 8~9) 예루살렘의 지배층에게 터지는 분노를 참을 수 없으면서도, 미가는 그것이 슬펐던 겁니다. 쏟아지는 눈물 걷잡을 수 없었던 겁니다.

같은 예루살렘의 죄를 슬퍼하면서도 미가는 이사야와 어떤 점에서 다른가? 이사야의 눈이 예루살렘 성내의 모순에 박혀 있어서 예루살렘의 번영에 깔려 죽어 가는 지방 농민들의 참상이 거의 보이지 않았던 겁니다. 그런데 미가의 눈에는 바로 이것이야말로 심각한 문제로 보였던 겁니다. 온 사회가 도시와 농촌으로 심한 분열

증을 일으킨 지 이미 오랬는데, 그것이 민족의 가장 심각한 문제라는 것이 미가에게 이르러 비로소 보이게 되었던 거죠.

> 야훼께서 이 성읍에 외치는 소리
> 유다 지파는 들어라.
> 이 성읍에서 사는 무리들은 들어라.
> 남을 등쳐 치부한 것들아,
> 거짓말만 내뱉는 서울놈들아,
> 말끝마다 사기를 치는 것들아, 들어라.
> "천벌받을 것들,
> 부정한 되로 부정축재한 것들을
> 나 어찌 잊겠느냐?"
> (미 6:9~10)

도시에 사는 사람들, 특히 나라의 서울에서 권력을 휘두르고 온갖 부정한 방법으로 치부하는 사람들이 사회를 분열시키는 악의 세력이라는 건 비단 오늘의 문제가 아니군요. 지금부터 2700년 전 거기서도 문제의 핵심이 되어 있었다니. 저희도 농민들의 피땀을 먹고 살면서 그들의 살을 뜯어먹는 식인종이 되어 있었다니. 자기들을 먹여 살리려고 그 고생을 하는 농민들을 우선 하늘처럼 떠받들고, 그들이 농민이 된 것이 한스럽고 억울하지 않고 저주스럽지 않은 세상, 농민 된 것이 자랑스럽고 행복스러운 세상이 되도록 하는 일이 도시에 사는 사람들, 특히 서울에서 책임 있는 자리에 오른 지도급 인사들이 더욱 마음에 두어야 할 일인데, 그게 그렇게 힘든 일이군요. 삼권분립이라는 민주적인 장치가 되어 있는 오늘도 그게 잘 안 되는데, 그런 제도적인 장치가 없는 그 한 옛날에는 오직 미가와 같은 예언자의 피를 토하는 목소리만 메아리 칠 뿐이군요.

"그 날이 오면, 나는 절름발이들을 모아 오리라. 야훼의 말씀이다. 흩어졌던 것들을 모아들이리라. 무던히 고생을 시켰다만, 난 그 절름발이들, 비틀거리는 것들을 씨앗으로 남겨 강대국을 만들리라."(미 4 : 6~7) 이건 미가의 예언이 아니라는 것이 학자들의 견해이긴 하지만, 이건 분명 미가의 예언의 메아리라고 보아도 될 것 같습니다. 예루살렘 지배층에 대한 공격에서 메아리치는 소리는 민중의 해방일밖에 없는 거니까요. 예루살렘 지배층이 끝장나는 날은 민중이 주인이 되는 날이니까요.

이 민중의 마음을 김용택 시인은 이렇게 읊조리는군요.

사람이 살며는 몇백 년을 사는 것도 아니겠고
사람덜이 그러능 게 아녀
뭐니뭐니해도 말여 사람은
심성이 고와야 허고
밥 아깐지 알아야 혀
시방 이 밥이 그냥 밥이간디

우리덜 피땀이여 피땀

　　　밥이 나라라고 나라

　　　자고로 말여 제 땅 돌보지 않는 놈들허고

　　　제 식구 미워하는 놈들

　　　성한 것 못 봤응게

　　　……

　　　우리는 넓디넓은 평야여

　　　두고두고 보자닝게 군대식으로 혀도 너무들 허는디

　　　우리는 말여 옛적부텀

　　　만백성 뱃속 채워 주고

　　　마당은 비뚤어졌어도 장구는 바로 치고

　　　논두렁은 비뚤어졌어도

　　　농사는 빤듯이 짓는

　　　전라도 농군들이랑게.

　한국의 익살 들어도 들어도 구수한 맛 좋지 않습니까? 그러나
이런 시는 어떱니까? 미가의 독이 올라 찡하지 않습니까?

　　　무릎까지 들어간 농부의 허벅지에서

　　　피를 빨아 피둥피둥 살이 찐 거머리 같은 놈

　　　노동자의 등에서

　　　이윤을 짜내고 그 위에 다시

거부(巨富)를 쌓아올린

흡혈귀 같은 놈

이들을 등에 업고

야수적 공격으로 인간의 이성을 파괴하고

끊임없이 끊임없이 끊임없이

날조된 허위로 위기의식을 조장하고

안보라는 이름으로 테러적 탄압으로

민족의식을 마비시킨

산적 같은 놈

목에 칼이 들어가야 놈들은

착취·수탈·억압의 마수를 놓는단 말이다.

(김남주의 시 '마수')

관이 주도한 종교개혁
-히즈키야·요시아

．．．

   미가의 시대는 유다 왕 요담(주전 740~736)과 아하즈(주전 736~716)의 시대를 지나서 히즈키야(주전 716~687)의 시대에까지 이르는군요.(미 1 : 1) 아하즈의 시대가 되면서 아시리아 왕 디글랏빌레셀 3세(주전 747~727)의 거센 바람에 아람(다마스커스)과 이스라엘과 유다는 그야말로 풍전등화의 신세가 됩니다.

   아람 왕 르신과 이스라엘 왕 베가는 아하즈에게 사람을 보내어 힘을 모아 아시리아를 막아 보자고 하지만, 아하즈는 그것이 달걀로 바위 치기라는 생각이 들었던가 그 요청을 거부하죠. 르신과 베가는 예루살렘을 포위하고 아하즈의 항복을 받으려고 합니다. 그때의 일이 이사야 7장에 잘 그려져 있군요. 르신과 베가는 연기 나는 횃불 끄트머리 두 자루에 지나지 않으니 겁낼 것 없다고 이사야는 아하즈를 격려합니다.(4절) 야훼만을 믿으라는 거죠. 아하즈가 제 아들을 죽여 하느님께 제물로 바친 것이 어쩌면 이때가 아니었을까요.(왕하 16 : 3) 하느님의 보호를 받으려고 바칠 수 있는 최고의 제물로서 말입니다.

   이게 믿음이 아니었다는 건 그가 이 위기를 어떻게 넘기느냐는 걸 보아 잘 알 수 있죠. 그는 성전과 왕궁에 있는 금은을 있는 대로 다 긁어 디글랏빌레셀에게 보내면서 살려 달라고 애걸하거든요. 디글랏빌레셀이 그의 요청을 들어 다마스커스를 점령하자(주전 732), 그에게 엎드려 절하려고 그리로 가지요. 거기서 그는 멋진 제단을 만납니다. 그는 그 도본을 떠서 본국에 보내어 만들게 합니다. 어떻게 해서든 하느님을 잘 섬겨 그를 기쁘시게 해드리려는 종교심의 발로라고 해야 하지 않겠어요?

그는 결코 종교를 등한히 하지 않았습니다. 더 훌륭한 제단에서 더 많은 제물을 바치려고 했으니까요. 그러나 디글랏빌레셀에게 금은을 바친 것과 야훼께 아들을 바친 일이 무어가 다르냐 말입니다. 폭군 침략자 디글랏빌레셀에게 야훼는 동격인 거죠. 그게 그건 거죠. 적어도 그에게 있어서.

그의 관심은 오로지 자기의 권좌를 유지하는 일밖에 없었던 거죠. 그 알량한 권좌를 지키려고 쓴 뇌물은 민초의 진액이었던 거고요. 이것이 바로 미가의 눈에 비친 예루살렘의 죄악의 구체적인 모습 아니겠습니까?

그 후 11년이 지나 주전 721년에 이르러 북방 이스라엘의 죄덩어리 사마리아가 사르곤 2세의 손에 떨어지는 걸 보면서 유다의 죄덩어리 예루살렘의 파멸을 더욱 확신하게 되었을 것 아닙니까?

"유다 왕들 가운데 전에도 후에도 그만한 왕이 없었다"(왕하 18 : 5)고 찬양을 받는 히즈키야의 시대에도 미가는 예언활동을 한 것으로 기록되어 있군요.(렘 26 : 18 참조)

히즈키야는 산당들을 철거하고 석상을 부수고 아쎄라 목상들을 찍어 버리는군요. 모세가 만들었던 느후스탄이라는 구리 뱀도 부수어 버리는군요.(왕하 18 : 4)

이것이 미가의 예언을 듣고 히즈키야가 단행한 종교개혁이었을까요? 그게 아니었을까요? 그것이 아닌 것 같지요? 히즈키야의 종교개혁은 예루살렘의 번영에 깔려 시들어 가는 농민을 살리는 일과는 거리가 먼 종교의식의 개혁에 지나지 않는 것으로 기록되어 있거든요. 그는 예루살렘 예배의 일부가 되어 있는 구리 뱀을 떼냈고 지방 성소들의 예배를 쇄신하는 일 정도에 멎은 것으로 되어 있거든요.

그러나 궁중 사가의 눈에는 그것만이 기록될 만한 가치 있는 것으로 보였는지도 모릅니다. 그의 눈에는 형식적인 종교행사가 사회생활과 어떤 관계가 있는지 보이지 않았을 가능성도 있지 않았을까요?

아비와 아들이 한 여자에게 드나들어
나의 거룩한 이름을 더럽힌다.
저당물로 잡은 겉옷을
제단들 옆에 펴 놓고 그 위에서 딩굴며
벌금으로 받은 술을
산당에서 마시는구나.
(암 2 : 7~8)

열렬한 종교의식이 사회악의 위장술이 된다는 것이 아모스의 눈에는 너무나 똑똑히 보였군요. 호세아의 고민은 바로 이 한 점에 있었던 거구요. 미가의 시대에도 그건 너무나 당연한 것이었겠지요. 그러고 보면 히즈키야가 단행한 형식적인 종교개혁도 사회악을 제거한다는 한 면이 없었다고 말할 수 없는 거죠.

이스라엘의 죄는 곧 사마리아라고 규정하고 난 다음 미가는 벌받는 사마리아의 폐허를 이렇게 말하는군요.

> 나는 사마리아를 포도나 심어 먹는
> 허허벌판의 돌더미로 만들리라.
> 돌들은 골짜기에 굴러 떨어지고
> 성터는 바닥이 드러나리라.
> 우상이란 우상을 모조리 부수어 버리리니
> 아로새긴 우상들은 산산조각이 나고
> 몸값으로 받았던 것들은 모두 불타리라.
> (미 1 : 6~7)

야훼 심판의 표적이 우상이었군요. 우상은 사마리아의 사회악과 결코 무관하지 않았다는 걸 보여 주는군요. 그러나 미가가 히즈키야의 종교개혁 운동에 적극적인 평가를 내렸다는 흔적은 어디서도 찾아볼 수 없습니다. 관이 주도하는 형식적인 종교개혁의 한계를 못 볼 만큼 미가의 눈은 흐려 있지 않았다고 보는 것이 옳을 겁니다.

　궁중 사가의 눈에 예후는 위대한 왕이었습니다. 야훼께서 예후
에게 하신 말씀을 들어 보세요. "너는 내 마음에 들도록 일을 잘하
였다. 나의 뜻대로 아합 가문을 잘 처치하였다."(왕하 10 : 30) 그
에 대한 궁중 사가의 마지막 평가는 이런 것이었거든요.

　"예후가 용맹을 떨치며 무슨 일을 했는지 그 나머지 역사는 이
스라엘 왕조실록에 기록되어 있다."(왕하 10 : 34) 그는 이세벨과
바알 예언자들을 숙청하고 야훼 예배를 부흥시켰거든요. 그러나
그것은 결코 예배의식의 개혁만이 아니었습니다. 그건 나봇을 죽
이고 그의 포도밭을 빼앗은 아합, 이세벨의 불의에 내려진 하느님
의 심판이기도 했으니까요. 이렇게 그의 혁명과 그의 과감한 종교
개혁이 궁중 사가의 눈에는 역사의 빛나는 한 장이지요. 그러나 호
세아의 눈에는 그것은 엄청난 죄악이었습니다. 유혈참극을 동반
한 종교개혁은 어떤 의미에서도 용인될 수 없었던 거죠. 목적이 수
단을 정당화할 수 없다는 말이 되는군요. 유혈참극을 동반한 종교
개혁이 예루살렘에서도 벌어집니다. 아합과 이세벨의 사이에서
난 딸이 있었는데 그 이름 아달리야. 그는 남방 유다의 명군 여호
사밧(주전 870~848)의 며느리가 됩니다. 여호사밧도 부왕 아사(주전
911~870)가 시작한 종교개혁을 계속합니다. 그 종교개혁이라는 게
전국 방방곡곡에 우글거리는 남창들을(왕상 14 : 24) 쓸어 내는 일
이었습니다.(왕상 15 : 12, 22 : 47) 이 남창이 무엇이냐는 건 호세

아의 이야기를 할 때 이미 이야기한 일이 있습니다마는, 이들은 일종의 성직자들이었습니다. 성소를 찾는 아쎄라(여신도)들을 온몸으로 상대해 주는 바알의 화신이었거든요. 망측한 일이죠. 그런데 그 남창들이 1백 50년이나 지난 후에는 예루살렘 성전에까지 들어와 성행하고 있었으니(왕하 23 : 7), 관이 주도하는 종교개혁이 얼마나 무력한 것이었느냐는 걸 알고도 남음이 있지 않습니까?

여호사밧은 별 실효를 거두지는 못했어도, 종교개혁에 열의를 보임과 동시에 그때까지 끊이지 않았던 남북전쟁을 종식시키고 남과 북의 관계를 우호관계로 발전시킵니다. 북방 이스라엘의 공주를 며느리로 맞이함으로써 남북의 우호관계를 다지는군요.

그런데 그것이 엄청난 불행의 씨가 될 줄이야. 이세벨이 띠로의 바알 종교를 북방 이스라엘에 이끌어 들였듯이, 아달리야는 그 바알 종교를 예루살렘에까지 끌어들이는군요. 아달리야의 아들 아하지야는 아합의 아들 여호람, 그러니까 그의 외사촌을 문병하러 갑니다. 그때 여호람은 시리아와 싸우다가 부상해서 치료를 받고 있었습니다. 때마침 예후가 쿠데타를 일으킨 때인데 아하지야는 멋도 모르고 갔다가 같이 죽는 신세가 되지요.

아달리야의 핏줄 속에는 이세벨의 잔인한 피가 흐르고 있었군요. 그는 아들이 죽은 걸 보고 곧 왕족을 멸절시키는군요. 제 속에서 나온 새끼도 그 손으로 죽였는지도 모르죠.

왜 이렇게까지 하지 않으면 안 되었을까요? 왕궁에는 아달리야의 반대 세력이 있었던 것 같습니다. 그의 남편 여호람 왕은 등극하면서 동생들을 다 칼로 쳐 죽이고 장군들도 더러 죽였다는군요.(대하 21 : 4) 아달리야를 타고 들어오는 북방의 힘과 종교에 대한 남쪽의 강한 반발은 사전에 제거해야 했던 것 아니겠습니까? 남편은 비참한 병으로 죽었고 제 피를 받은 아들까지 죽은 이 마당에, 그 권좌를 지키기 위해서는 반대세력을 가차 없이 처형하는 길밖에 없었던 거죠.

그러나 어쩌리오. 그 잔인한 칼부림에서 벗어난 왕자가 하나 있었으니 그 이름 요아스. 고모가 그 어린 걸 사지에서 건져 내서 제 침실에서 몰래 길렀던 겁니다. 아달리야가 나라를 멋대로 주무르는 6년 동안 요아스는 고모와 함께 야훼의 전에 숨어 살았다는군요.

7년째 되던 해에 사제 여호야다가 군대의 호응을 얻어 아달리야를 죽이고 요아스를 왕으로 옹립합니다. 그러자 지방민들은 바알 신전으로 몰려가 이를 허물고 그 제단과 우상을 산산조각으로 부수었고 바알의 사제 마딴을 제단 앞에서 죽이는군요.(왕하 11 : 18) 여기 지방민이라고 번역된 말은 히브리어로 '암 하아레쯔', 곧 농민이라는 뜻입니다. 전국에서 모여 온 농민들은 기뻐 뛰는데 서울 시민들은 쥐죽은 듯하고 있었다는군요.(20절)

사회적인 실천이 따르는 내면적인 혁신이 없는 제도적·형식적인 개혁이 얼마나 무의미하고 무력하냐는 철저한 인식이 있었다는 걸 알 수 있지 않습니까? 마음의 할례를 받지 않은 몸의 할례는

무의미하다는 걸 말하고 있거든요.(신 10 : 16, 30 : 6)

서울은 절대권력의 들러리들만으로 득실거리는 곳이 되어 있었군요. 절대권력에 붙어 부귀를 누리는 아첨배들의 눈만이 희번득이는 속에서 한 살 먹은 갓난이가 일곱 살이 되도록 꽁꽁 숨어 살아야 했군요. 거사를 할 때 모든 일은 비밀이 샐세라 극비리에 준비되었고, 성사된 다음에도 어린 왕을 호위하는 행렬은 삼엄했었군요.(왕하 11 : 8~9)

때는 아마 설날 축제 때를 택했던 것 같습니다. 아달리야의 지배에서 아무 혜택도 못 누리는 농민들이 예루살렘을 메우는 설날을 거사할 날로 택일했던 것 같습니다. 유다에서도 바빌론에서처럼 해마다 설날이 되면 왕이 신의 대리자로서 등극하는 식을 올렸다면, 이 택일은 아주 적절했을 것 아닙니까?

아달리야의 물샐틈없는 지배체제에 기습을 감행하면서 농민의 호응으로 대세를 제압하려고 한 여호야다의 계산은 정확하게 들어맞았던 겁니다.

이렇게 해서 다윗 왕조의 정통성은 회복된 셈입니다. 그와 동시에 바알 종교를 박멸하고 야훼 종교를 회복하는 또 하나 관 주도 종교개혁이 이루어집니다. 그러나 그것이 얼마나 무력했느냐는 것이 금방 드러나는군요. 서른 살이 되면서 그는 여호야다의 섭정에서 독립을 선언합니다. 여호야다를 위시한 사제들에게 성전 수축을 명하는 것으로. 그때까지도 헌금은 계속 바쳐졌을 텐데, 성전은 30년이나 돌보는 이 없어 거미줄 치게 되어 있었던 거죠. 그

헌금은 누구의 주머니에 들어갔을 겁니까? 어린 왕을 세워 놓고는 공신이 된 여호야다 일당의 주머니로밖에 들어갈 데가 없었겠지요. 사제들이 왕명에 불복하는 까닭이 바로 여기 있었을 것 아닙니까?(왕하 12 : 9) 보나마나죠 뭐. 요아스의 종교개혁이라는 것도 성전을 수리하는 정도이지 민생 문제에는 전연 관심이 없었던 것이죠. 관이 주도하는 종교개혁이 가지는 어쩔 수 없는 한계라고 하지 않을 수 없군요.

역사는 달음박질해서 우찌야의 태평성세를 지나 사마리아가 아시리아군의 손에 떨어지는 시대(주전 721)로 이어집니다. 아시리아의 태풍은 드디어 예루살렘에까지 들이닥칩니다. 이런 처지에서 히즈키야의 종교개혁이 전개되었던 거지요.

역사는 그의 아들 므나쎄와 함께 반전됩니다. 그의 통치 55년(주전 687~642)은 예루살렘이 형식에 있어서마저도 야훼를 완전히 배신한 시기였습니다. 그는 부왕 히즈키야가 허물어 버린 산당들을 다시 세웠고 바알 제단을 쌓았으며 아쎄라 목상을 만들었고 하늘의 별들을 예배했거든요. 성전에마저 이방신들에게 제사를 드리는 제단들이 섰구요. 왕자들을 불살라 바칠 뿐 아니라 점장이와 술객과 무당과 박수를 두었다는군요.(왕하 21 : 1~6) 이건 야훼를 저버림으로 아시리아에 저항할 뜻이 없다는 분명한 태도를 표명한 일이었지요. 그리하여 그는 이스라엘과 유다의 전 역사에 있어서 최장수 통치자가 되었습니다. 예루살렘이 사마리아와 같은 비운에 빠지는 걸 막는 공적마저 있었다고 자위할 수도 있었겠지요.

그러나 그것은 무고한 백성의 피를 흘리는 엄청난 대가를 치르고 이루어진 일이었습니다. 그가 흘리게 한 무고한 백성의 피로 예루살렘은 피바다가 되었다는 기록마저 있거든요.(왕하 21 : 16) 무고한 백성의 유혈참극을 대가로 치르면서 연장된 55년 치세는 그대로 치욕의 역사였군요. 므나쎄의 전철을 그대로 밟은 아들 아몬의 치세는 단명이었습니다. 2년 만에 신하들의 반란으로 죽지만, 농민들이 들고일어나서 그 반란세력들을 치고 그의 아들 요시아를 옹립하는군요.(왕하 21 : 19~24) 때는 주전 640년. 아몬을 죽인 반란 세력들은 어떤 사람들이었던가? 그들은 아시리아의 힘이 꺾이는 듯한 기미를 보이자 에집트의 힘을 빌어 아시리아를 뒤엎고 자립해 보고 싶은 아몬과 별다를 것 없는 기회주의자들이었다고 보는 학자들이 있는데, 이 견해는 거의 틀림없을 것 같습니다.

농민들의 눈에는 친아시리아적인 기회주의도 틀렸고 친에집트적인 기회주의도 옳지 않게 보였던 거죠. 농민을 해방시키려고 싸워 주셨던 야훼만을 믿고 그 신앙의 터전 위에 정의사회를 건설하는 것만이 사는 길로 보였던 거죠. 그 일을 위해서 꼭 행동해야 할 때에 시기를 놓치지 않고 행동한 농민들—그들이 요시아라는 통치자를 세우는군요. 그때 그의 나이 여덟 살이었습니다.

요시아의 종교개혁이 관이 주도한 다른 종교개혁과 다를 수 있었던 것은 그 배후에 농민혁명 세력이 있었기 때문이 아니었을까요? 그가 등극한 지 18년 되던 해(주전 622년)에 성전을 수리하다가 법전을 찾지요. 이것이 그의 종교개혁의 시작이었다고 열왕기 사가는 말합니다.(왕하 22 : 3~10) 그러나 역대기 사가는 요시아 종교개혁은 그의 재위 제8년에 시작되었다고 하는군요.(대하 34) 제12년에는 예루살렘을 위시해서 전국에서 바알과 아쎄라 신상들을 철거하고 제단들을 허물어 버리는 일을 시작했고, 제18년에 예루살렘 성전을 수축하다가 야훼의 법전을 찾으면서 그의 종교개혁이 본궤도에 오르게 되었다는 역대기의 기록이 더 정확한 것으로 보입니다. 제도적·형식적인 종교개혁의 선을 넘어 그 제도와 형식에 담을 새 내용이 법전에서 발견되었다는 말이 되겠습니다.

그때 발견된 법전이 신명기 법전이라는 건 이미 확고부동한 정설이 되었습니다. 신명기 법전을 기초로 한 요시아 종교개혁의 산물이 오늘 우리 손에 들려 있는 신명기인 거죠. 이제 우리는 이 신명기에서 요시아 종교개혁의 내용이 무엇이었느냐는 걸 찾아보아야 하겠습니다. 그 첫째는 야훼 예배에서 모든 불순한 이질적인 요소들을 제거하고 순결한 모습을 갖추어 이를 유지시키는 데 있었습니다. 그리고 그것은 모든 예배를 예루살렘에 집중시키고 이를 단일화하는 일이었습니다.(왕하 23 : 8 이하, 신 12 : 13 이하) 그러면 이 예배에서 공통으로 고백해야 할 신앙고백의 내용은 무엇이었을까요? 그것이 바로 신명기 26장 5~9절까지에 잘 보존되어 있군요.

"제 선조는 떠돌이 아람인이었습니다. 그는 얼마 안 되는 사람을 거느리고 에집트로 내려가서 거기에 몸 붙여 살았습니다. 그러나 그는 거기서 불어나 크고 강대한 민족이 되었습니다. 그래서 에집트인들은 우리를 억누르고 괴롭혔습니다. 우리를 사정없이 부렸습니다. 그래서 우리 선조들의 하느님 야훼께 부르짖었더니 야훼께서는 우리의 아우성을 들으시고 우리가 억눌려 고생하며 착취당하는 것을 굽어살피시고 억센 손으로 치시며 팔을 뻗으시어 온갖 표적과 기적을 행하심으로써 모두 두려워 떨게 하시고는 우리를 에집트에서 구출해 내셨습니다. 우리를 이곳으로 데려오시어 젖과 꿀이 흐르는 이 땅을 주셨습니다."

이렇게 해서 형성된 새 공동체의 기틀은 물론 십계명이었죠.(신 5) 그런데 십계명은 사회의 기틀이기보다는 도덕률이 되어 가고 있었던 것일까요. 십계명의 참 정신이 무엇이냐는 걸 고백할 필요가 생겼습니다. 그래서 새 공동체의 기틀인 십계명을 '사랑'이라는 말 한 마디로 압축할 필요가 있었군요.

"너 이스라엘아, 들어라. 우리의 하느님은 야훼, 야훼 한 분뿐이시다. 그러니 마음을 다 기울이고 정성을 다 바치고 힘을 다 쏟아 너의 하느님을 사랑하여라."(신 6 : 4)

이 말씀을 그들은 마음에 새겨야 했던 겁니다. 자손들에게 거듭 거듭 들려주어야 했습니다. 집에서 쉴 때나 길을 갈 때나 자리에 들었을 때나 언제나 말해 주어야 했습니다. 손에 매어 표를 삼고 이마에 붙여 기호로 삼고 문설주와 대문에 붙여 결코 결코 잊을 수

없도록, 한시도 등한히 할 수 없도록 해야 했던 거죠.(신 6:6~9)

　제도와 형식에 담아야 할 마음은 사랑이었군요. 제도나 형식은 사랑으로 뜨거워진 마음의 구체적인 체현이어야 한다는 말이지요. 이건 아무래도 호세아의 영향이라고 해야 하겠군요. 바알 종교의 악습을 청산하려고 지방 성소들을 폐지시킨 요시아 종교개혁의 형식적인 면도 호세아의 영향이라고 보아야겠지요.

　사랑은 선택하는 거죠. 많은 신들 가운데서 야훼만을 선택하는 일이었군요. 십계명의 야훼 신앙이 유일신 신앙이 아니었듯이, 여기서도 야훼는 유일신이 아니었습니다. 신명기가 십계명에서 진일보한 점이 있다면, 그건 예배에서 섬김의 대상이었던 야훼가 사랑의 대상이었다는 말이지요. 저희를 종살이에서 건져 주신 야훼이기 때문에 그만을 섬겨야 한다던 십계명의 신앙이 신명기에서는 그만을 온몸, 온 마음으로 사랑해야 한다는 거죠. 야훼밖에 사랑할 신이 없다는 거죠.

　예배가 사랑이라면 계명을 지키는 일도 사랑이라는 말이지요. 계명이 하느님의 명령이기 때문에 이에 복종하는 일이어서는 안 된다는 새로운 깨달음에 이른 거죠. 명령에 복종하는 노예의 윤리를 털어 버리는 일이었군요. 사랑하기 때문에 사랑하는 하느님의 마음에 가슴이 울려 좋아라 노래하며 살아가는 생활이어야 한다는 말이죠.

　이것이 바로 마음에 할례를 받는 일이었죠. 사랑으로 마음에 할례를 받는 사람은, 고아와 과부의 인권을 세워 주시고 고향을 떠나

집도 없이 떠도는 사람들을 사랑하여 먹을 것 입을 것을 주시는 하느님이 좋아 그를 사랑하는 일이라는 겁니다.(신 10 : 18) 그것은 그대로 고아와 떠돌이의 인권을 세워 주고 과부의 옷을 저당 잡지 않는 일이었습니다. 밭에서 곡식을 거둘 때에도 땅에 떨어진 이삭은 떠돌이나 고아나 과부가 주워 가도록 돌아가서 줍지 않아야 한다는 겁니다.(신 24 : 17~19) 그 사랑은 짐승에게까지 이르는 것이어야 한다면 그 사랑이 얼마나 철저한 것이냐는 걸 알 수 있지 않습니까? 안식일을 지키는 것은 네가 쉬는 데 뜻이 있는 것이 아니라 남종과 여종뿐 아니라 소와 나귀와 모든 가축도 쉬게 하려는 데 있다는 것이었으니까요.(신 5 : 14)

분노와 고민으로
뒤범벅이 된 세 예언자
- 나훔·스바니야·하박국

　　　　　　　　• • •

　다윗 왕조의 촛대가 꺼지기 전 마지막으로 반짝한 왕을 요시아라고 할까요. 궁중 사가의 눈에 요시아처럼 야훼께로 돌아가 마음을 다 기울이고 목숨을 다 바치고 힘을 다 쏟아 모세의 법을 완전히 지킨 왕은 전에도 없었고 후에도 없을 것으로 보였던 거죠.(왕하 23 : 25) 과부와 고아와 더부살이 머슴도 살 권리가 있다는 요시아 종교개혁의 본질 같은 건 궁중 사가의 눈에는 보이지 않았던 걸까요. 그는 기껏해야 준법정신의 모범으로밖에 보이지 않았으니 어쩌면 최고권좌에 앉아 있는 사람에게 그 이상을 기대하는 것 자체가 하늘의 별따기인지도 모르지마는요.

　악법이라도 지키라고 외치는 이 땅의 노동자들의 눈에는 신명기 법전 같은 인도주의적 법전을 지켜 주는 통치자라면 더 바랄 게 없다고 하겠지요. 권력이란 애당초 과부와 고아와 더부살이 머슴의 인권을 지켜 주기 위해서 있는 것이라는 게 신명기 법전의 정신 아닙니까? 요시아의 관심은 과연 그렇게 순수한 것이었을까요? 다윗 왕가의 권좌를 튼튼하게 유지해야 한다는 생각은 없었을까요? 그걸 위해서 고아와 과부와 머슴의 인권에 관심을 가진다면 이건 본말을 뒤집는 일이라고 해야겠지요. 같은 법을 지켜도 이런 마음으로 지키느냐 저런 마음으로 지키느냐는 건 하늘과 땅의 차이군요.

지방의 성소들을 폐쇄하고 모든 예배를 예루살렘에 집중, 단일화한 일은 엄청난 폐단의 원인이 되는군요. 그건 유다교와 그리스도교의 배타적인 독선을 만들어 내는 데 적지 않은 기여를 하게 되거든요. 예루살렘, 거기서도 성전만이 거룩한 곳이 되고 보니, 다른 모든 곳은 세속적인 곳이 되었던 거죠. 세속적인 곳, 그것은 더러운 곳이라는 말도 되는 거구요. 예루살렘에서, 거기서도 성전에서 이루어지는 일만이 거룩하게 되고 보니 다른 데서 이루어지는 일은 모두 악이 되고 마는 거구요.

주전 609년 요시아 왕이 전사하면서 그의 종교개혁 운동은 좌절되었지만, 배타적인 독선이라는 이 엄청난 해악은 오늘까지도 가시지 않고 있으니 몸서리쳐지는 일이군요. 그것이 끼칠 수 있는 엄청난 해악에 비하면 제도적인 개혁의 제한성 같은 건 차라리 약과라고 해야 할 것 같군요.

전무후무한 성군으로 추앙받는 요시아는 어떻게 전사하게 되는가? 주전 609년 에집트의 파라오 느고가 아시리아 왕을 도우려고 유프라테스강을 향하여 출병하였는데, 요시아는 그의 진군을 막으려고 므기또에 이르러 그와 싸우다가 전사하는군요.(왕하 23 : 29~30) 그야말로 달걀로 바위를 치는 격이었죠. 요시아는 아시리아에게 재기의 기회를 주고 싶지 않았던 겁니다. 요시아와 동시대의 예언자 나훔은 아시리아의 서울 니느웨를 협잡이나 해먹고 약탈을 일삼고 노략질을 그치지 않는 피로 절은 저주받을 도시라고 하지요.(나 3 : 1) 잔학무도한 군국주의 국가의 전형 아시리아의 서울 니느웨가 신바빌론 왕국의 공격 앞에 힘없이 무너진 것이 3년 전인 주전 612년. 아시리아 패잔병들이 가르그미스로 후퇴하여 마지막 저항을 시도하는데, 에집트는 아시리아군을 도와 신바빌론 왕국의 힘이 커지기 전에 이를 맞서 꺾으려고 했던 겁니다.(대하 35 : 20) 이런 숨 막히는 국제적인 힘의 줄다리기에 뛰어들었다가 요시아는 맥없이 죽는군요. 바빌론이 세계 정치의 주도권을 잡는 게 유리하다는 착각을 했던 거죠. 유다 왕국의 운명이 결국 바빌론의 철퇴 아래 쓰러지리라는 걸 내다보지 못한 거죠. 고래 싸움에 새우 등 터진 셈이라고나 할는지.

예레미야는 그게 아니었군요. 그는 에집트군이 가르그미스 전투에서 패하여 걸음아 날 살려라 도망치게 되리라는 걸 내다보았으니까요.

크고 작은 방패를 차려 들고
싸움터로 나가자!
말에 재갈을 물리고
기마병들아, 올라타거라!
창에 날을 세우고
갑옷 입고 투구 쓰고
대오를 정돈하여라.

그런데 저것이 어찌 된 일이냐?

혼비백산 달아나는 꼴이 보이니,

용사라는 것들이 지리멸렬

줄행랑을 치는구나.

사방으로 무섭게 에워싸여

뒤돌아볼 겨를마저 없구나.

(렘 46 : 3~5)

이것은 바로 민중의 신 야훼가 하시는 일이라는 뜨거운 믿음이 그걸 보여 주신 거군요.(렘 46 : 10) 권력은 예외 없이 민중을 억압하고 착취하는 일일 수밖에 없다는 것이 히브리 예언자들의 확신이었습니다. 그렇기 때문에 주변 국가들의 이름을 하나하나 들어가며 야훼의 심판을 선포한다고 해서 그걸 가지고 예언자들을 편협한 민족주의자라고 매도할 일이 아닙니다.

요시아와 예레미야의 동시대인으로 민족문제를 가지고 심각하게 고민하고 외친 예언자 셋이 있습니다. 그게 나훔·스바니야·하바꾹입니다. 이 세 예언자들을 살피는 것이 요시아와 예레미야가 살아간 소용돌이를 이해하는 데 많은 도움이 되리라고 믿어 이 세 예언자들을 하나하나 주마간산격으로나마 더듬어 보기로 하겠습니다.

나훔 그의 예언의 첫마디는, 야훼는 철저하게 보복하는 신이라는 거군요. 이것이 서구 학자들의 귀에는 몹시 거슬렸던가 봅니다. 그를 편협한 민족주의 신앙을 가진 거짓예언자라고 보았으니. 그들은 강대국들의 지배 아래서 고초를 겪어 본 일이 없기 때문에, 아니 남을 억울하게 억압하고 착취하면서 살아 왔기 때문에, 보복을 비는 나훔이 못마땅하게 보였던 것이 아니겠습니까? 그들의 식민지 통치 아래서 신음하는 흑인, 황인종, 미주 원주민들의 뱃속 깊은 데서 터져 나오는 기도가 보복을 비는 기도가 될 수밖에 없다는 것, 그리고 그 보복이 바로 저희들을 겨냥한 것이라는 걸 무의식적으로 느끼고 있었던 거죠. 따라서 나훔은 원수까지 사랑하라는 그리스도교의 가르침과는 배치된다고 생각했던 거죠.

당치도 않은 소립니다. 광주의 진상이 규명된 후 장본인들의 사과가 있은 다음에 용서가 오는 것 아닙니까? 아시리아의 서울 니느웨가 용서받는 과정을 우리는 요나서에서 볼 수 있군요. 요나가 니느웨의 죄를 규탄하지요. 그러자 온 니느웨가 죄를 깊이 뉘우쳐 회개하지요. 그때에 하느님의 용서가 왔다는 것 아닙니까? 진상이 규명되고 회개하는데도 용서하지 않는 건 옳지 않다는 걸 가르치는 게 요나서거든요.

그런데 실제의 아시리아는 끝까지 회개하지 않고 억압정책을 고수하지요. 그럴 때에 보복을 외치는 건 그대로 정의의 외침이 아니겠어요? 나훔은 거짓예언자가 아니라 엘리야, 아모스의 전통에서 있는 참예언자인 겁니다. 엘리야나 아모스는 자국민을 억압하는 통치자들을 규탄하지요. 그들의 통치 아래서 신음하는 민중의 해방을 주장하는 거죠. 나훔의 눈앞에 서 있는 억압자는 약소국들을 억압하고 착취하는 강대국 아시리아군요. 따라서 그가 외치는 건 약소민족의 해방일밖에 없지요. 그게 뭐가 잘못입니까? 민중의 신 야훼께 음모를 꾸미는 자들(나 1 : 11)에게 야훼의 분노가 떨어지는 걸 비는 게 요새 시쳇말로 '비나리'라고 하는 거겠죠. 그리고 그건 약소민족 유다의 해방을 선포하는 일이었죠.

> 유다야 적의 병력이 아무리 많고 강하여도
> 내가 낫질하듯 없애 버리리라.
> 너를 억누르던 적의 멍에를 부러뜨리고
> 너를 묶은 사슬을 끊어 주리라.
> (나 1 : 11~12)

이제 야훼가 일으키는 전쟁은 에집트의 지배에서 벗어나려는 하비루와 농민군의 해방전쟁의 연장선상에 있는 건데 뭐가 잘못입니까?

스바니야의 예언은 싹쓸이를 하겠다는 하느님의 단호한 결의의 표현이군요.

> 땅 위에 있는 건 무엇이건
> 나 말끔히 쓸어 버리리라

사람도 짐승도 쓸어 버리고

공중의 새도 바다의 고기도 쓸어 버리리라

악당들을 거꾸러뜨리며

땅에서 사람의 씨를 말리리라.

(습 1 : 2~3)

노아 홍수 때를 회상하게 되는군요. 야훼의 눈에 세상은 죄악으로 가득 차고 사람마다 생각하는 게 하나같이 못된 일뿐이었던 거죠.(창 6 : 5) 세상은 썩을 대로 썩어 있었군요. 사람들이 하는 썩은 행동으로 온 땅은 코를 들고 다닐 수 없이 되었구요.(창 6 : 11~12) 세상은 막판에 이르렀던 거죠. 그야말로 세상은 무법천지가 되었던 거죠. 무법천지라고 번역된 히브리어는 영어로는 폭력(violence)이라는 말로 번역되는 말입니다. 이 말은 언제나 권력이나 돈을 가진 자들이 힘없고 가난한 사람들을 억압하면서 힘을 남용하는 데 쓰여졌습니다.

그래서 하느님은 사람을 만든 게 후회되시어 지상에서 사람뿐아니라 땅 위를 뛰어다니고 기어다니는 모든 동물과 하늘을 나는 모든 새를 없애기로 마음을 먹으신 것 아닙니까? 홍수로.

이제 야훼는 소돔과 고모라를 불로 멸하셨듯이 불로 세상을 싹쓸이하시려는군요.(습 3 : 8) 그것은 구체적으로 전화(戰火)를 말하는 거구요.(습 1 : 16, 2 : 12, 3 : 6)

나훔과는 다르게 스바니야는 하느님의 진노의 불길이 니느웨에만 떨어질 것이 아니라(습 2 : 13~15) 예루살렘에도 내릴 거라(습 3 : 1~10)고 외치는군요. 민중에게 고난을 안겨 주는 권력은 이중구조로 되어 있다는 것을 그는 간파하고 있었군요. 그 이중구조라는 게 외세를 등에 업은 국내세력이 민중을 탄압하는 구조냐, 아니면 외세에 항거한다는 구실로 권력이 민중을 억압하는 그런 구조냐? 이 둘 중에 어느 것이냐는 것이 문제가 되는 거죠.

스바니야의 시대상은 전자였다는 걸 알 수 있군요. 그의 시대는 야훼께서 제물을 잡을 날이 임박한 시대였군요. 그 제물이라는 게 유다였구요. 그날은 고관들과 왕족들이 남의 나라 옷을 입고 잘났다고 거들먹거리는 시대였군요. 그런 눈꼴사나운 모습으로 민중을 둥쳐 상전의 궁궐을 채우는 시대였군요. 이건 아무래도 므나쎄 시대의 친아시리아 세력과 아몬 시대의 친에집트 세력의 작태를 풍자하는 말 같군요. 이런 작태는 요시아가 죽은 다음에 다시 살아났을 거구요.

이 모두가 야훼에게 반항하는 일이었다는 거죠. 그러면 야훼에게 반항한다는 것은 무엇인가? 그게 바로 민중을 억압하는 일이었다는군요. 야훼는 민중의 신이었으니까요. 그래서 스바니야는 이렇게 절규합니다.

이 저주받은 도성아
야훼께 반항이나 하는 더러운 도성아
압제나 일삼는 도성아

귀하신 몸들은 성 안에서 사자처럼 으르렁거리고
판사들은 벌판을 주름잡는 늑대처럼
뼈도 안 남기고 사람을 씹어 삼키는구나.
예언자들은 제 잘난 멋에 사람을 속이고
사제들은 성소를 더럽히며 법을 짓밟는구나.
(습 3 : 1~4)

　야훼는 당신을 거슬려 힘없는 민중을 억압하는 자들을 쓸어버
리시고 민중이 기를 펴는 세상을 세우시리라는 것이 스바니야의
신앙이었군요. 야훼는 예루살렘에서 힘자랑을 하며 거만을 떠는
자들을 쓸어버리시고 기를 못 펴는 가난한 사람들만 남기시리라
는군요. 그들은 억울하게 남을 속일 줄도 모르는 사람들, 간사한
혀로 거짓말을 하며 사기칠 줄도 모르는 사람들이라는군요. 법 없
이도 살 수 있는 사람들이 야훼의 이름을 믿고 안심하고 살리라는
거군요. 그들이 배불리 먹고 태평성대를 누리는 세상이 되리라는
거군요.(습 3 : 11~13)

　이 민중의 아우성 소리가 하바꾹에게서 들려오는군요.

　야훼여
　살려 달라 울부짖는 이 소리
　언제 들어 주시렵니까?

호소하는 이 억울한 일

언제 풀어 주시렵니까?

이렇듯 억울한 일 당하며 고생하는데

어인 일로 못 보는 체하십니까?

보이느니 약탈과 억압뿐이요

터지느니 시비와 분쟁뿐인데

법은 땅에 떨어지고

정의는 끝내 무너졌는데

못된 놈들이 착한 사람 등쳐 먹는

정의가 짓밟히는 세상이 되었는데.

(합 1:2~4)

이스라엘의 긴 신앙사에서 우리는 진정으로 위대한 신앙인을 하바꾹에서 만나는군요. 약자의 신 야훼는 어쩔 수 없이 약자에 지나지 않았습니다. 이것을 간파한 현실적인 사람들은 미련 없이 주저하지 않고 야훼를 버리고 강자의 신 앞에 무릎을 꿇어 왔지요. 강자의 손에 깨지면서도 야훼를 저버리지 않는 충성파도 없는 거야 아니었지요. 무릎을 꿇고 사느니보다는 서서 죽기를 원하는 정의파도 없지 않았다는 말이죠. 정의의 최후 승리를 믿으면서.

하바꾹은 그 어느 쪽일 수도 없었군요. 야훼를 저버리고 강자들의 신 앞에 무릎을 꿇자니 그의 양심이 이를 허락하지 않았던 거죠. 그의 양심은 무릎을 꿇고 사느니 서서 죽는 것이 옳다고 주장

하는 것이었죠. 그러나 그의 지성은 그것만으로 일이 끝나는 것이
아니라는 걸 알고 있었던 겁니다.

> 이들의 절벽이 아무리 높아도 그 앞에
> 무릎을 꿇 수야 없지 않느냐
> 구둣발 소리 아무리 무서워도
> 움추러들 수야 없지 않느냐
> 스올의 목구멍이 온 세상을 삼키려 한대도
> 그 앞에 젯상을 차리고 엎드릴 수야 없지 않느냐.

이 양심의 소리 앞에서 한국의 하바꾹은 반문하는 거죠.

> 그야 그렇지요.
> 그러나 어쩌면 좋습니까.
> 그 날이 오기 전에
> 정의가 한강물처럼 흐르고
> 사랑이 대동강처럼 흐를 그 날이 오기 전에
> 시들어 떨어지는 저 꽃송이들을
> 숨이 막혀 터지는 저 가슴들을
> 땅에 영영 묻혀 버리는
> 아름다운 꿈들을.
> (나의 시 '예수의 기도 5'에서)

이 억장 무너지는 현실 앞에서 그는 "주여, 이게 어인 일입니까?" "언제까지 이런 세상이 계속되어야 한단 말입니까?"를 외치지 않을 수 없었던 거죠.

이 아우성으로 외쳐지는 역사의 질문에 들려오는 하느님의 대답이라는 게 엉터리였군요. 하느님은 반역하는 무리들 앞에 놀라 자빠질 일을 일으키겠다고 하시는군요. 그게 뭐냐구요? 그게 바로 바빌론을 일으켜 아시리아를 꺾는 일이라고 합니다. 바빌론이 일으키는 바람 앞에서 제 힘을 하느님처럼 믿고 못하는 일이 없던 아시리아가 바람에 불려 가듯 사라지리라는 거군요.(합 1:5~11)

하바꾹이 엎치락뒤치락 살아가는 세상의 내부 모순은 전적으로 아시리아라는 외부 세력의 횡포에 그 원인이 있다는 게 당시의 통념이었던 거군요. 그런데 그 아시리아를 꺾을 세력이 바빌론에서 일어났다는 것 아닙니까? 해방의 날이 멀지 않았다고 모두들 가슴이 부풀어 있었던 거죠. 그놈이 그놈인데. 그런데 하느님, 당신의 눈은 그것도 못 보십니까? 이렇게 하바꾹은 하느님을 힐문하는군요. "저것들은 그물을 쳐서 사람을 끌어내고 쳉이로 사람을 잡아내고는 좋아서 날뛰며 그물에다 고사를 지내고 이에다 분향하는 것들인데, 그것들을 재판관으로 세우십니까? 그것들을 채찍으로 삼아 아시리아와 그에 붙어 제 동족의 피를 빨아먹는 놈들을 벌하려고 하시는 겁니까?"(합 1:12~17)

이렇게 당돌한 질문을 던지고 하바꾹은 눈에 불을 켜고 기다리는군요. 망대에 서 있는 보초마냥 단호한 자세로. 야훼께서 하바꾹에게 환상을 보여 주십니다. 그러고는, 네가 지금 본 일은 때가 되면 곧 이루어질 테니까 쉬 오지 않더라도 허둥대지 말고 기다리라고 말씀하십니다. 보여 주신 환상을 믿고 기다리는 자세가 어떠해야 할까를 이렇게 말씀하시는군요.

"의로운 사람은 자신의 신실함으로써 살리라."(합 2 : 4) 힘을 하느님이라고 믿는 사람들, 힘이 정의라고 믿고 설치는 사람들을 무서워 말라, 힘의 횡포—그건 옳지 않은 거야, 그 소신을 굽히지 말고 살아, 그게 떳떳한 바른 생의 자세인 거야, 이런 뜻이죠. 하바꾹은 악에 항거해서 소신껏 살아가는 사람에게만 열리는 세계를 환상으로 보았던 겁니다.

이리하여 하바꾹은 눈 딱 감고 믿는 것이 아니라 눈을 와짝 뜨고 믿는 위대한 신앙인의 전형이 되었군요.

시대의 풍운아, 만방의 예언자

-예레미야 1

•••

큰 나무 바람 잘 날이 없다던가? 히브리 민중사—그중에서도 예언운동사에서 가장 큰 나무는 예레미야였습니다. 그러니 그가 풍운아의 운명을 벗을 길이 없었던 겁니다. 어쩌면 태풍 휘몰아치는 그 시대가 예레미야를 만들어 냈는지도 모르죠.

당시 근동세계를 휘어잡고 호령하던 아시리아가 기우뚱거리게 되면서 세력 판도가 재개편되는 소용돌이 한복판을 그는 살아갔던 겁니다. 요시아의 전사—그건 고래 싸움에 새우 등 터지는 일이었죠. 그걸 보면서 예레미야의 민감한 가슴엔 만감이 감돌았을 것 아닙니까? 철퇴로 뒤통수를 얻어맞는 충격이었다는 게 더 적절한 표현일지도 모르겠군요. 조국의 운명은 그대로 풍전등화랄까. 마침내 이리 쏠리고 저리 쏠리던 촛불 꺼지듯 나라는 망하여(주전 589) 예레미야가 그리도 사랑하던 겨레가 바빌론으로 끌려가고 자신은 에집트로 끌려가서 나일 강가에 묻혀야 하지요.

그야말로 비운의 역사를 온몸으로 살아간 풍운아였죠. 한데 그의 뿌리는 다름 아닌 하비루였군요. 그는 아나돗의 사제 출신이라는 것 아닙니까?(렘 1 : 1) 그의 혈통은 중시조 에비아달을 거쳐서 엘리에게로 올라갑니다. 에비아달은 다윗의 치하에서 법궤를 책임진 사제였지요. 그런데 그는 아도니야와 솔로몬의 왕위계승전에 아도니야의 편을 들었다가 솔로몬에게 쫓겨 아나돗으로 내려갑니다.(왕상 2 : 26 이하) 그 에비아달의 할아버지가 아히툽이었고(삼상 22 : 20) 아히툽은 엘리의 손자였거든요.(삼상 14 : 3)

하비루의 신 야훼의 임재를 상징하는 법궤가 엘리 가문이 지켜오던 것 아닙니까? 엘리의 아들들이 하비루 전통을 짓밟고 야훼를 배신함으로 법궤가 불레셋에 빼앗겼다가 다윗이 예루살렘으로 모셔 오기까지 이리저리 전전하다가 바알라라는 곳에 보관되어 있었죠.(삼하 6 : 2) 다윗 치하에 엘리의 혈통을 이어받은 에비아달이 다시 법궤를 책임지는 자리에 복권되는군요.

그런데 그 하비루 전통이 솔로몬 치하에 예루살렘의 터줏대감으로 보이는 사독에게 밀려나는 비운을 겪었던 겁니다. 그러니 예루살렘과 아나돗은 팽팽한 긴장으로 맞서고 있었을 것 아닙니까? 물론 칼자루는 예루살렘이 잡고 있었지마는요.

이 긴장의 한쪽 예루살렘에 요시아의 종교개혁이 일어나고 있었던 겁니다. 관 주도이기는 하지만. 그리고 그것은 아시리아의 지배를 털어 버리려는 일종의 민족자주운동이었죠. 요시아 통치 제8년(주전 632년경)에 시작된 종교개혁 운동은 제12년에는 우선 유다와 예루살렘에서 모든 우상을 철거하고 신전들을 허무는 일로 시작되었고, 그 일이 끝나자 아시리아의 지배 아래 들어갔던 북방 이스라엘의 므나쎄, 에브라임, 시므온, 납달리 지방에서 우상을 철거하고 신전들을 허무는 데까지 이르는군요.(대하 34 : 1~7)

그러고도 무사할 정도로 아시리아의 힘은 이제 돌이킬 수 없이 약해 있었던 거군요. 요시아보다 한 열 살 정도 아래인 아나돗의 젊은 사제 예레미야의 눈에 이 모든 변화가 어떻게 비쳤을까요? 그걸 잘 보여 주는 것이 그의 소명기사죠. 사제에서 예언자로 변신한 것이 요시아의 통치 제13년이었으니까 주전 627년경이었군요.(렘 1 : 2) 요시아의 제2 단계 종교개혁이 시작된 바로 다음 해였군요. 이렇게 해서 또 하나 다른 종교개혁 운동이 야에서 일어났군요. 때는 아시리아에서 아슈르 바니팔이 죽은(주전 630년경) 다음 왕위계승전으로 내부의 안정이 흔들리는 때였죠. 이때를 놓칠세라 바빌론에서 나보폴라사르가 독립을 선언하고(주전 627년경) 아시리아의 지배에 도전하고 나섰었군요.

놀라운 일 아닙니까? 그가 만방의 예언자로 부르심을 받았다는 것이.(렘 1 : 5) 강대국들의 힘의 정치 앞에서 팔락이는 촛불과도 같은 작은 나라 약소민족의 한 젊은이가 세계만방의 예언자로 나선다는 일이. 저는 1976년 소위 '민주구국선언사건'으로 재판을 받는 날이면 아침마다 예레미아가 예언자로 부르심을 받던 기록을 히브리어로 읽고 법정으로 나가곤 했습니다. 에레미야는 나이가 어리다는 걸 핑계로 부르심을 거절하지요. 거기에 대해서 야훼께서는 나이가 어리다는 말을 하지 말라고 하시면서 예레미야에게 용기를 불어넣어 주는 말씀을 하시죠.

내가 너를 누구에게 보내든지 너는 가야 하고

무슨 말을 시키든지 하여야 한다.

사람을 두려워하지 말라.

내가 늘 옆에 있어 주마.

(렘 1 : 7~8)

"유다의 임금이나 고관들, 사제들이나 유지들과 함께 온 나라가 달려들어도 두려워하지 말아라. 내가 오늘 너를 단단히 방비된 성처럼, 쇠기둥·놋담처럼 세우리니, 온 세상이 네게 달려들어도 너를 당하지 못하리라."(렘 1 : 18~19) 이 말을 읽고는 용기를 내고 법정에 나가 서곤 했던 겁니다.

그러면서도 예레미야를 만방의 예언자로 세우신다는 말씀은 정말 이해가 되지 않더군요. 더군다나 9~10절 말씀에 이르면 더더욱 어안이 벙벙해지는 것이었습니다. 들어 보세요. 야훼께서 예레미야의 입에 손을 대면서 하시는 말씀입니다.

나는 이렇게 나의 말을 네 입에 담아 준다.

보아라!

나는 오늘 세계를 네 손에 맡긴다.

뽑기도 하고 무너뜨리기도 하고

멸하기도 하고 허물기도 하고

세우기도 하고 심기도 하여라.

세계를 네 손에 맡긴다? 그것도 그냥 '말'로? 말로 뽑기도 하고 무너뜨리기도 하고 세우기도 하고 심기도 한다? 도대체 이게 무슨 소리죠? 말이란 남의 마음을 알고 내 마음을 남에게 알리는 의사소통의 방편이 아닌가요? 예레미야에게 있어서 말은 그러한 의미가 아니었군요. 말은 더러운 세상을 태우는 불길이었고 바위를 부수는 망치였군요.(렘 23 : 38)

예레미야는 야훼의 꾐에 넘어가 야훼께 겁탈을 당했다고 항변하는군요.(렘 20 : 7) 야훼의 말씀을 대변하다가 날마다 사람들에게 웃음거리가 되었다며 "다시는 주의 이름을 입 밖에도 내지 않는다"며 입을 다물어 버렸더니,

> 뼛속에 스며든 주의 말씀
> 염통 속에서 불처럼 올라
> 견디다 못해 손을 들고 맙니다.
> (렘 20 : 9)

그 불을 내뿜지 않고는 못 견디겠다는 거군요. 우리는 여기서 아주 새로운 예언자를 만납니다. 하느님의 특사로서 하느님의 말씀을 일자일획도 틀리지 않게 대변하는 예언자가 아니라 야훼의 말씀을 불처럼 뿜어 더러운 세상을 불사르는 예언자, 망치로 바위를 부수듯 말로 악한 세상을 부수는 예언자, 폐허 위에 새 집을 짓듯 말로 새 세상을 세우는 예언자, 새싹으로 돋아날 말을 땅에 심는

예언자를 우리는 그에게서 새로 발견하게 된다는 말입니다.

세상에 그런 말도 있는가? 지금 우리는 홍수처럼 쏟아져 나오는 빈말의 시대를 살아가고 있습니다. 거짓말을 히브리어로는 빈말이라고 하지요.(렘 5 : 31, 14 : 14, 23 : 26~27, 32) 그렇군요. 예레미야의 입에서 쏟아져 나오는 뜨겁고 강한 말은 거짓이 아닌 참이 담긴 말이군요. 참이 담긴 말이란 말하는 이의 전 존재, 전인격, 전생명을 쏟아부어서 하는 말인 거죠. 그런 말은 엄청난 위력, 창조력이 있다는 말 아닙니까?

이리하여 예레미야의 예언 활동의 특징은 거짓과 싸우는 데 있습니다. 거짓말, 거짓 예배, 거짓 하느님, 거짓 평화를 깨부수는 것이 그의 예언 활동의 전부였다고 해도 되겠죠. 한번 혀를 놀렸다 하면 남의 가슴에 칼을 꽂는, 진실은 사라지고 거짓말이 판을 치는 세상이 되었다며, 사막으로라도 도망치고 싶다며 가슴을 치는군요.(렘 9 : 1~3) 이게 누구의 심정인가요? 야훼의 심정인가요, 예레미야의 심정인가요? 그것은 예레미야의 뼈 속에서 불타오르는 야훼의 심정이었던 거죠. 그리하여 예레미야는 사막으로 도망치는 것이 아니라, 미친 사람처럼 거리에 나가서 성전에 가서 외치지 않을 수 없었던 겁니다.

소용돌이 역사 한복판을 온몸에 불이 붙어 이리 뛰고 저리 뛰는 사람, 불이 훨훨 타오르는 몸으로 "노동자는 기계가 아니다"고 외치다 쓰러진 전태일 같은 사람, 미치지 않고 그럴 수는 없는 노릇이죠. 예레미야도 그렇게 미친 사람이었군요.(렘 29 : 26)

만방에 야훼의 말씀을 전하라고 부르심을 받았다는데, 예레미야
의 예언의 초점은 겨레에 맞추어져 있었군요. 겨레 사랑을 빼놓으
면 그에게 별로 남을 게 없었던 겁니다. 그의 예언은 불칼이었지만,
겨레사랑으로 흐느끼는 불칼이었군요. 겨레사랑으로 남몰래 가슴
이 메는 말 아닌 말이 그에게는 없었군요.(렘 13 : 17) 그는 울먹입
니다.

> 이 백성은 살아날 길이 막혀
> 이 가슴 미어지고 마음은 터질 것 같습니다.
> (렘 8 : 18)

> 이 머리가 우물이라면
> 이 눈이 눈물샘이라면
> 밤낮으로 울 수 있으련만
> 내 딸 내 백성의 죽음을 밤낮없이
> 곡할 수 있으련만.
> (렘 8 : 23)

> 이 산 저 산을 쳐다보며
> 저는 목이 메어 웁니다.
> 광야 목장들을 보며 슬피 웁니다.

모두 다 없어져 찾는 사람 없고
양떼의 울음소리도 들려오지 않습니다.

(렘 9 : 9)

야훼께서도 곡하는 여인들을 불러다가 넋두리를 하며 애곡이나
시키라고 하시는군요.

죽음이 창을 넘어 들어왔구나
궁전까지 들어왔구나
거리에서 놀던 아이들은 모두 잡혀갔구나
장터를 오가던 젊은이들은 모두 끌려갔구나
시체들은 밭에 널려 있는 거름덩이 꼴이구나.

(렘 9 : 20~21)

이것은 시적으로 과장된 표현이 아닙니다. 그는 결혼생활의 기
쁨을 박탈당할 겨레의 운명을 짊어지고 결혼을 거절하도록 야훼
의 명령을 받았고, 그대로 살았거든요. 저주스런 결혼을 하고 속을
썩인 호세아와는 정반대의 길을 걸었던 거죠.

너는 이 땅에서 아내를 맞이하지 말고
아들딸을 두지 말아라.

(렘 16 : 2)

예레미야는 이 야훼의 명령을 따라 젊음을 거부했었거든요. 이건 결코 연극이 아니었습니다. 이스라엘인으로 결혼하지 않는다는 것, 자식이 없다는 것, 이건 저주라고 여겨졌습니다. 제 이름을 이어 줄 자식이 없다는 건 선민에서 끊기는 가장 비참한 일로 생각되었거든요. 그런데 그는 결혼을 거부함으로써 이스라엘이 받아야 할 멸절과 저주를 온몸으로 받아 겪었던 거죠.

자기가 결혼의 행복을 거부하는 데 멎지 말고 남의 잔치에 가지도 말라는 명령도 받지요.(렘 16 : 8) 그뿐인가요? 상가에 가지도 말고 상가에 가서 곡을 하지도 말라는 해괴한 명령도 받거든요.(렘 16 : 5)

이스라엘 사회에서는 상사나 혼사는 사회 공동의 일이었죠. 우리 사회에서도 예전엔 그랬었지만. 같이 슬퍼하고 같이 기뻐하는 일 없이 무슨 맛으로 세상을 사느냐 이거죠. 상사에 같이 슬피 곡을 해 주는 사람이 없거나 혼사에 같이 기뻐할 사람이 없다면 이건 선민 이스라엘에서 끊긴 일이 되었던 겁니다.

그런데 온 마을이 다 가서 슬퍼해 주는 상가에 가지 않는다거나 다 가서 기뻐해 주는 잔치집에 가지 않는다거나 한다면, 그는 그 사회에서 끊겨 외톨이가 될 걸 각오해야 하는 거죠. 그런데 이 일이 하필이면 예레미야에게 십자가로 지워져야 했던가? 누구보다도 더 겨레와 같이 슬퍼하고 같이 기뻐할 뜨거운 겨레사랑의 화신 예레미야에게.

예레미야는 앞으로 온 겨레가 결혼의 환상을 박탈당할 날이 올 걸 알고 있었기 때문이었죠. 사람이 죽어도 울어 줄 사람도 묻어 줄 사람도 없는 처참한 비극이 겨레의 앞날을 기다리고 있다는 걸 그는 환히 내다보고 있었기 때문이었죠.

이렇듯 그의 마음은 하느님의 슬픔에 닿아 있었던 거죠. 예레미야의 하느님은 그대로 슬픔이었던 거죠. 세상에 슬픈 사람, 불행한 사람이 하나라도 있는 한 하느님은 슬픔일밖에 없는 거니까요.

그런데 이 하느님의 슬픔은 사랑하는 백성이 악하기 때문이 아니라 어리석기 때문이었군요. 제 어머니는 전두환 이순자를 보면서 "세상에 그런 바보가 어디 있느냐?"고 개탄하십니다. 생각해 보면 악한 사람은 마음을 바로잡으면 좋은 사람이 될 수도 있지만 어리석은 사람은 어떻게 해 볼 도리가 없지요. 안 그럽니까? 이 사실이 하느님을, 아니 예레미야를 그리도 슬프게 했던 겁니다. 그러나 하느님을, 아니 예레미야를 더 슬프게 만든 것은 어리석은 데다가 마음마저 악하다는 데 있었군요.

미련하고 철없는 것들아
나쁜 일 하는 데는 머리가 잘 돌아가는데
좋은 일은 어떻게 하는 건지 통박이 안 도는구나.
(렘 4 : 22)

예레미야의 때에도 전두환 이순자가 있었나 보죠. 어리석다는 건 아이큐가 낮다는 말은 아니죠. 아이큐는 높아서 눈치코치도 빠르고 계산도 잘하는데, 하는 일마다 제 무덤을 파는 사람들이 세상에는 많지요. 그런 사람들을 어리석은 사람, 미련하고 철없는 사람이라고 부르는 것 아니겠습니까?

하늘을 나는 고니도 철을 알고 산비둘기도 제비도 두루미도 철을 따라 돌아오는데, 내 백성은 내게로 돌아와 내 법을 찾는 자 하나도 없다고 야훼는 탄식하는군요.(렘 8 : 7) 스스로 지혜 있다고 우쭐거리는 사람이야 어찌 없었겠습니까? 설익은 지혜, 약삭빠른 계산, 겉약은 잔꾀를 가지고 거들먹거리는 사람들이야 없었겠습니까?

> 너희 가운데 지혜가 있다고 나설 자 있느냐?
> 야훼의 법은 우리가 맡았다고 할 자 있느냐?
> 보아라 거짓 선비의 붓끝에서 법이 조작되었다.
> 이제 그 현자라는 것들이 얼굴을 못 들고
> 벌벌 떨며 잡혀 가리라.
> 잘난 체 나의 말을 뿌리치더니
> 그 지혜가 어찌 되었느냐.
> 나 이제 그들의 여인을 빼앗아 남에게 주고
> 남이 들어와 밭까지 차지하게 하리라.
> 위아래 할 것 없이

남을 뜯어먹는 것들

예언자 사제 할 것 없이

속임수밖에 모르는 것들.

(렘 8 : 8~10)

법이란 약자에게 유리하게 제정되고 운용되어야 하는 건데, 약
자들을 등쳐먹도록 제정하고 이를 그렇게 운용하는 사람들은 머
리가 나쁜 사람들이 아니죠. 글줄이라도 읽을 줄 알고 쓸 줄 아는
소위 식자층들이죠. 그런데 너희 안다는 게 너희를 파멸로 몰아갈
지도 모르니까 정신을 차리라는 거죠.

현자는 지혜를 자랑하지 말아라.

용사는 힘을 자랑하지 말아라.

부자는 돈을 자랑하지 말아라.

자랑할 일이 있다면 나의 뜻을 깨치고

사랑과 법과 정의를 세상에 펴는 일이다.

(렘 9 : 23~24)

정말 자랑할 만한 지혜가 있다면 그것이 바로 하느님의 뜻을 깨
쳐 사랑과 정의를 세상에 펴는 일이라는 거군요. 그걸 외면할 때
모든 지혜는 어리석음이 된다는 거죠. 그 지혜가 크면 클수록 어리
석음도 그만큼 큰 것이 되는 거구요. 그만큼 더 큰 불행과 재난을

자신뿐 아니라 온 사회에 불러들이게 된다는 거죠.

만방의 예언자가 되는 길이 따로 있는 게 아니군요. 철저하게 뜨겁게 겨레를 사랑하기 때문에, 그 사랑으로 겨레에게서 거짓을 벗겨 내고 진실을 살려 내는 일이 그대로 만방의 예언자가 되는 일이었군요. 진실만이 겨레를 살리는 길이라면, 그 길이 그대로 세계를 살리는 길로 통하는 것이었군요.

민중의 발바닥 언어로 풀어낸
성서 이야기

최형묵 목사

문익환은 한국 현대사의 거목이다.

어느 한 이름으로 그의 삶을 규정하기 어려울 만큼 여러 이름을 갖고 있다. 최대한 간결하게 그 이름을 집약한다면 목사, 신학자, 시인, 실천가라고 할 수 있을까? 그러나 왠지 그 이름들을 늘어놓는 것만으로는 그의 삶을 온전히 드러내기에 충분치 않다는 느낌을 떨쳐버릴 수 없다.

그의 삶을 통째로 드러내 놓을 수 있는 적절한 언어를 딱 꼬집어 찾는다면 과연 뭐라 말해야 할까? 《문익환 평전》의 저자 김형수의 말마따나, 무엇보다 목사로서 언어의 달인이었음에도 불구하고 그 언어를 비워 버리고 온몸으로, 아니 발바닥으로 삶을 기록해 낸 선각자라고 하면 그나마 근접하지 않을까?

발바닥으로 자신의 삶을 기록해 나간 문익환에게서 전환점이 되는 계기는 그가 시인으로 불리기 시작한 즈음부터다. 4·19를 겪고 숱한 절망의 시간을 거친 뒤 '말씀의 수용자'에서 일거에 '말씀의 창조자'로 전환하는 반전의 수단이 시집 출간이었다. 시 역시 또 하나의 언어 형식임에는 틀림없지만, 문익환의 시는 화려한 언어조탁 능력을 과시하는 수단이 아니라 삶을 온전히 드러내는 수단이요, 그 삶을 이끌어가는 꿈을 표현하는 하나의 수단이었다. 문예비평가들이 별로 주목할 거리가 없는, 그야말로 아무런 색채가 없는 글로 표현된 그의 시 세계는 파격적인 체제 전복성을 지니고 있었다.

일련의 시집에 나타난 문익환 시 세계의 열쇠는 '꿈'이었다. 꿈은 기존의 것을 부정하면서 더 나은 것을 추구하는 이들에게 무한정으로 열려 있는 가능성으로서, 딱딱하게 굳은 체제의 논리를 전복하는 힘을 갖고 있다. 문익환은 그 꿈을 선취하는 삶의 길을 헤쳐 나감으로써 스스로 길이 되어 마침내 '생명'의 바다에 이르게 된다. 생명은 그저 연명하는 삶이 아니라 마땅히 누려야 할 삶으로서, 그것은 일체의 죽임을 넘어선 살림을 뜻한다.

문익환이 시인으로 불리게 된 삶의 후반부는 이른바 실천가로서의 삶의 여정과 일치한다. 민주화운동에 헌신하고, 평화통일운동에 헌신한 삶의 여정이다. 1976년 3·1구국선언 사건 이래 여섯 차례 무려 12년을 옥중에서 살아야 했던 삶의 여정이다. 폭력의 세기, 그 폭력의 구조가 응축된 한반도, 그 어떤 악조건에서도 인간의 품위를 잃지 않고 꿈과 사랑을 이루고자 한 생명의 서사를 펼쳐 보여준 발걸음이요 몸짓이었다고 할 수 있다.

그 생명의 바다에 이른 발걸음이 막바지에 이르렀을 때 발바닥이 땅에 남긴 것을 보충하는 일종의 주석으로서 문익환은《히브리 민중사》라는 저작을 남긴다. 발바닥으로 기록한 삶의 여정을 일일이 동행하지 못한 사람들에게 얼마나 다행인지!

《히브리 민중사》는 성서의 일관된 맥을 히브리 민중의 해방 역사로 꿰뚫고 있다. 문익환이 이미 오래전부터 관심을 기울여 온 예언자들의 해방 전통은 여기서 성서의 본류로 확고하게 자리매김

되고, 그 예언자들의 선포는 해방을 향한 민중의 발자국을 드러내는 것이요, 동시에 하나님의 발자국을 밝혀내는 증거가 된다. 본래 구약성서 신학자이자 성서 번역가였던 문익환이 삶의 반전을 통해 체득한 통찰로 성서를 재해석해 내놓은 빛나는 저작《히브리 민중사》에서 권력을 가진 자들의 역사에 가려진 민중의 역사는 본래의 역동적인 모습을 되찾는다.

이 책이 지는 의미는 제목부터 분명하게 드러난다. 왜 '히브리 민중사'인가? 오히려 친숙한 것은 '이스라엘'이요, 그렇다면 '이스라엘 민중사'라고 할 수도 있지 않았을까 하는 의문이 들 수도 있다. 그러나 여기에는 매우 또렷한 문제의식이 깃들어 있다.

오늘날 히브리와 이스라엘은 유무상통하는 개념으로 통용되고, 성서 자체 안에서도 그렇게 통용되는 경우가 많지만, 그 역사적 기원이라는 점에서는 분명히 구별된다. 단도직입적으로 말해 히브리가 민중적 함의를 갖는다면 이스라엘은 민족적 함의를 갖는다. 히브리는 고대 근동 사회에서 일종의 천민 집단을 일컫는다면, 이스라엘은 그 집단이 연대하여 탄생한 하나의 국가사회적·민족적 집단을 일컫는다. 이는 최신의 구약 성서학과 고고학의 연구가 밝혀낸 사실로써, 이 책의 서설에 충분히 설명되어 있다.

우리가 특별히 관심을 기울여야 할 것은 민족의 실체를 민중으로 인식한 그와 같은 관점이 문익환과 한국의 민중운동에서 어떤 의의를 지니는가 하는 점이다. 문익환 목사 하면 흔히 민족지상주의자의 면모를 떠올리기 십상이다.

"하나가 되는 것은 더욱 커지는 일입니다"라고 외치며 민족통일운동에 헌신하였을 때 그 인상은 더욱 도드라지게 부각된다. 그러나 그는 단순한 민족주의자 또는 민족지상주의자가 아니었다. 문익환은 이 책에서 성서를 히브리 민중사로 조명하고 있고, 민중의 편에서 정의를 선포한 예언자를 주목하고 있다. 문익환은 만년에 내놓은 또 하나의 저작인 공동서한논쟁집《예수와 묵자》에서 말하기를, "사랑의 사회적 실천은 의"라 역설하는가 하면, "예수는 계급해방론자"로서 'NL'이 아니라 'PD'라고까지 하였다. "평등이 평화의 핵심"이라 강조하고 민중이 일상적 삶의 평화를 만끽하는 것이야말로 생명 본연의 모습이라 보았다. 갈등하는 사회현실 한복판에서 고통을 겪고 있는 민중을 먼저 주목한 데서 비롯되는 통찰이다. 그것은 문익환을 포함한 민중신학의 선구자들이 한국 현대사 한복판에서 이른 통찰로서, 세계적 지평에서 또한 보편적 공감을 얻고 있다.

물론 한국 민중운동과 민중신학의 선구자들에게서 '민족'과 '민중'은 별개로 인식되지 않은 면이 있다. 민중신학에서 널리 통용된 '민중적 민족'과 '민족적 민중'이라는 개념은 그런 인식을 단적으로 드러내 준다. 그것은 식민지 피지배라는 한국 현대사의 특수성에서 기인한다.

민족의 현실을 민중의 현실과 동일시한 데서 '민중적 민족'이라는 개념이 사용되었다. 민족국가가 엄존하는 현실에서 그 주체성을 보장받지 못하는 현실이 그와 같이 인식된 것이다. 그런 의미에서 민족과 민중은 모순 관계로 인식되지 않고 병행 관계로 인식되었다. 한 발 더 나아가 '민족적 민중'이라는 말까지 통용된 사정은 그런 인식을 반영하고 있다.

그러나 오늘날 '민족'과 '민중'을 동일시하는 인식은 비판적 성찰의 대상이 되고 있다. 특정한 체제에의 귀속성을 벗어난 민중을 특정한 체제의 귀속성을 전제로 하는 민족에 함몰시키는 것은 사회적 구성원의 다양성과 그 갈등 관계를 은폐하는 결과를 초래할 뿐 아니라, 대외적 차원에서 민족지상주의가 갖는 폐해가 분명하기 때문이다. 다행스럽게도 문익환과 민중신학의 선구자들은 어떤 기존 체제의 귀속성을 벗어난 민중의 시좌를 강조함으로써 그 혼돈으로 인한 위험성을 피할 수 있는 인식의 근거를 확보하고 있었다. 이 덕분에 그 통찰은 역사적으로 민족지상주의가 야기하는 폐해를 넘어 보편적 민중의 지평에서 호소력을 지닐 수 있게 되었다. 나아가 그 통찰은 오늘 다양한 얼굴과 이름으로 이 땅을 살아가는 민중을 분명하게 드러내 줄 수 있는 돋보기와 같은 역할을 맡게 되었다.

이 책이 구어체로서 이야기 형식으로 기록되었다는 것 또한 그 의의를 쉽사리 지나칠 수 없다. 이런 형식은 그저 애초 발표된 지면의 성격상 독자들과 원활한 소통을 위하여 채택된 하나의 방편에 지나지 않을 것일까? 아니면 온몸으로, 발바닥으로 끊임없이 뛰어다녀야 했던 처지라 어떤 논저 형식을 갖춰 글을 쓰기에는 여의치 않은 사정 탓일까? 그런 면이 없지는 않을 것이다. 하지만 그 이야기의 방식은 놀라운 효과를 발휘하고 있다. 아마도 문익환은 애초 그 효과를 유념하고 작심하였을 듯싶다.

구어체의 대화란 청중을 눈앞에 두고 소통하는 방식이다. 이야기를 듣는 상대의 눈빛을 읽고 그 가운데서 심중을 헤아려 알아듣기 쉽게 이야기해야만 온전한 뜻이 전달된다. 그야말로 상대를 먼저 배려하는 가운데 이뤄지는 생동감 넘치는 소통 방식이다. 그와 같은 이야기는 순간순간 상상력을 자극하고 그 상상력이 자극되는 만큼 의미의 확대와 심화를 가져온다.

여기서 상상력의 극대화 효과는 무엇보다 성서가 전하는 히브리 민중의 이야기와 오늘 현실의 민중의 이야기가 만나는 지점에서 더욱 빛난다. 실제로 히브리 민중사는 성서가 전하는 이야기의 줄거리를 충실하게 따르고 있지만, 이어지는 마당마다 당대 한국 민중의 이야기가 겹쳐 있다. 북간도 명동촌의 후배로서 신약 성서학자 안병무가 일관되게 이야기했던 '텍스트'와 '콘텍스트'가 분리되지 않는 성서 해석의 진면목이 여기에서도 확연히 드러나 있다.

이야기 형식이라는 면에서 이 책은 오늘날 민중신학의 대표적 저작으로 꼽히고 있는 안병무의 《민중신학 이야기》가 갖고 있는 장점을 동시에 공유하고 있다. 물론 《민중신학 이야기》는 실제 대화를 기초로 하여 기록된 것이고,《히브리 민중사》는 처음부터 글로 이야기를 접해야 하는 독자를 유념하고 기록되었다는 점에서 그 탄생 기원이 다른 것이 사실이다. 그럼에도 얼굴을 마주하고 소통하는 듯한 이야기 형식으로서 장점을 고스란히 지니게 된 것은, 단지 문익환의 필력에서 비롯되는 것이 아니라 발바닥으로 민중의 현장을 누빈 그의 삶에서 비롯된 것이라 보아야 할 것이다. 온몸으로, 발바닥으로 스스로의 삶을 영위한 민중의 고통과 갈망을 누구보다 잘 알고 있었고 스스로 또한 체현하였기에 가능한 일이라 하지 않을 수 없다.

《히브리 민중사》는 발바닥으로 땅을 누비며 해방을 갈망한 히브리 민중의 이야기를 재연한 것이자 그와 동시에 역시 발바닥으로 뛰며 해방의 역사를 일구고자 한 저자의 삶의 기록이며 이 땅의 민중의 이야기이다. 그 점에서 이 책은 이 땅의 민중 사건을 증언하는 신학으로서 민중신학을 대표할 만한 중요한 또 하나의 저작으로 평가받아 마땅하다.

이야기 형식이 갖는 의의에 대해서는 방금 앞서 말했지만, 이 책은 담고 있는 내용 면에서 다른 민중신학의 중요 저작과 비견할 만하다. 민중신학에서 성서 해석과 관련한 대표적 저작으로는 안병무의《갈릴래아의 예수》가 널리 알려져 있거니와, 사실은 갈릴래아의 예수를 탄생시킨 모태가 되는 히브리 민중사의 맥락을 선연하게 밝혀 주고 있다는 점에서 이 책은 그 선구 격으로 평가받는 것이 마땅하며 나란히 함께 읽혀야 할 책이다.

상상력에 자극받은 이야기 형식이니 학구적 관심을 갖는 이들에게는 이렇다 할 만한 내용을 기대할 수 없으리라 치부해 버린다면 기우요, 오만이다.

이른바 학문적 논증 방식을 취하고 있는 것은 아니지만 구약 성서학자이자 성서 번역자로서 문익환은 당대 최신의 연구 결과를 충분히 반영하는 가운데 역사적 상상력을 펼치고 있다. 그 역사적 상상력에서 비롯된 통찰이 어떤 꼼꼼한 주석보다 빛나고 있다는 점을 인정한다면 단지 읽기에 편한 가벼운 책으로만 치부할 수 없을 것이다.

다른 한편, 이 책은 바로 그 역사와 현실을 꿰뚫은 놀라운 상상력의 진가를 잘 보여 주고 있다는 점에서 민중신학의 또 다른 대표작인 서남동의 《민중신학의 탐구》와도 견주어 볼 수 있다.

서남동의 그 저작은 민중신학의 방법론을 제시하고 있다는 점에서, 그리고 성서의 민중 전통과 당대의 민중 현실 가운데서 구원과 해방의 의미를 통찰하는 데 번뜩이는 영감을 풍부하게 제공해 주고 있다는 점에서 매우 중요한 민중신학 저작으로 평가받고 있다. 《히브리 민중사》는 한국의 역사 가운데서 탄생한 민중신학을 정초한 중요 저작 목록에 반드시 추가되어야 할 또 하나의 저작으로서 가치를 지니고 있다.

그런데 놀랍게도 한국 민중신학에 관한 논의의 지평에서 《히브리 민중사》는 마땅한 대접을 받지 못해 왔다. 그 까닭이 무엇일까?

이야기 형식의 가벼운 책이라는 편견 때문에 그 진가를 인정받지 못한 측면도 없지는 않을 것이다. 그러나 돌아보건대 민중신학을 정초한 중요 저작 가운데 이른바 학구적 논저 형식을 취한 저작이 어디 있는가?

제법 체계를 갖춘 안병무의 《갈릴래아의 예수》마저도 사실은 이른바 학구적 논저라는 측면에서 보면 그 기준을 충족시키는 것은 아니다. 오히려 그 책의 진가는 놀라운 역사적 상상력과 현실을 통찰하는 안목에 있다. 그 점에서 《히브리 민중사》가 그보다 못한 평가를 받아야 할 이유는 없다.

그럼에도 이 책이 정당한 평가를 받지 못해 왔다면, 암만 생각해 봐도 그것은 그 저작이 지니는 가치가 떨어지기 때문이 아닌 것 같다. 그렇다면 무슨 이유일까?

그것은 문익환의 삶 자체가 저작보다 훨씬 컸기 때문이었다고 판단할 수밖에 없다. 발바닥으로 새긴 그의 삶의 궤적이 너무 크기 때문에 얇은 책 한 권은 그저 작은 에피소드에 지나지 않은 것으로 간주된 탓이라고 할 수밖에 없다. 분명 이 책 한 권으로 문익환의 삶을 평가하기에는 부족할 것이다. 그러나 성서를 새롭게 보는 차원에서, 특별히 세계 신학계에서 고유한 신학으로 평가받고 있는 민중신학의 기초를 밝히는 차원에서 이 책의 진가는 다시 조명되지 않으면 안 될 것이다.

끝으로 이 책이 미완으로 마무리되고 있는 점 또한 의미심장하다. 독자로서는 무척 아쉬운 것이 사실이다. 마지막에 다룬 예언자 예레미야에 관한 이야기마저 완결되지 않았고, 여타의 다른 지혜서에 관한 이야기는 등장하지도 않았다. 그가 성서 번역에서 그렇게 심혈을 기울인 시편에 관한 이야기도 없다. 이야기가 계속되어 또 어떤 놀라운 통찰을 일깨워 주었을까 생각하면 아쉽기 그지 없다.

그런데 절묘하게도 이 책은 '시대의 풍운아, 만방의 예언자 – 예레미야 1' 편에서 그치고 있다. 두 차례에 걸친 징역살이로 중단을 거듭해야 했던 저자에게 역시 징역살이 예언자 예레미야에게서 끝난 것은 "우연이라 보아 넘기기에는 너무나 깊은 같은 경험"이 히브리 민중사와 우리 민족사 사이에 있다는 것을 확인해 주는 것으로 받아들여지고 있다.

오늘의 우리의 현실에서 생각하면 강대국 간 힘의 대결이 펼쳐지는 가운데 풍전등화의 위기 앞에 선 백성들에게 예언을 선포한 예레미야의 메시지를 다시금 되새겨 보라는 의미가 아닐까? 물론 결국 멸망으로 치달을 수밖에 없었던 유다 국가의 운명과 촛불혁명으로 새로운 사회를 만들고자 하는 희망으로 고무되어 있는 오늘 우리 현실 사이에 차이가 있기는 하지만, 한반도를 둘러싸고 벌어지는 국제적 각축과 긴장의 고조는 닮아 있지 않은가! 그 가운데서 민중적 정의를 재삼 일깨운 예언자 예레미야의 목소리는 촛불민심을 따를 것인지 강대국과의 동맹을 따를 것인지 재삼 환기하고 있는 듯하다.

그런 의미에서 미완으로 마무리된 히브리 민중사 이야기는, 오늘 우리에게 발바닥으로 그 이야기를 채워 나가도록 숙제를 남겨 주었다. 때마침 문익환 목사 탄생 100주년을 맞이해 재발간되는 《히브리 민중사》는 그 과제를 우리에게 환기시켜 주고 있다.

민주회복과 민족통일운동의 선구자

이해동 목사

문익환 목사님은 1918년 6월 1일생이다. 2018년이면 탄생 100주년을 맞는다. 믿음 깊은 문재린 목사님과 김신묵 권사님의 맏아들로 태어나 신학을 전공했고, 대학에서 구약신학을 강의했으며, 우리 역사상 최초로 가톨릭과 함께 구약성서를 히브리어 원전에서 직접 우리말로 옮기는 공동번역 작업을 수행했다. 또한 40여 년간 교회 강단에서 설교한 목회자이기도 하다. 1970년대 중반에 이르러 박정희 유신독재가 극에 이르자 문익환 목사님은 분연히 반독재투쟁의 최선봉에서 활약했다.

　우리 민족의 현대사에 있던 모든 비극의 원인은 분단에 있음을 그는 간파했다. 분명 분단은 우리 민족의 원죄이다. 8·15 이후 70여 년의 현대사에서 국민들이 겪는 모든 고통의 원인은 분단에서 비롯되었다. 이승만을 필두로 역대 독재자들이 자신의 부당한 권력 유지를 위해 전가의 보도처럼 휘두른 것은 어김없이 분단을 구실로 하는 안보였고, 아직도 반민주·반민족적 매판 세력은 좌파라는 시대착오적 용어를 입에 달고 산다. 우리에게 온전한 민주주의의 실현과 민족 분단의 해소, 즉 민족통일은 다소 선후의 문제는 혹 있을지 몰라도 결국 같은 선상에 놓인 우리의 필수 과제이다. 문익환 목사님의 모든 활동과 투쟁은 민주와 통일이라는 두 과제를 하나로 잇는 데 집중되었다고 할 수 있다. 그는 절규했다. "민주는 민중의 부활이요, 통일은 민족의 부활이다."

　문익환 목사님의 족적은 우리 민족사에 길이 남을 것이다. 1970~1980년대, 그 잔혹했던 유신과 군부독재에 맞서고, 온몸으로 분단을 거부하며 치열하게 사신 문 목사님의 삶은 우리 민족사의 큰 자산이다.

문익환 목사, 하면 그를 잘 모르는 많은 사람들은 매우 거칠고 과격한 투사로만 여기는 경우가 많다. 사실은 전혀 그 반대다. 그분만큼 마음 고운 분이 흔치 않다. 곱다 못해 차라리 가녀리다 할 만큼 부드럽고 섬세한 분이시다. 내가 1956년도에 한신(한국신학대학)에 입학하여 처음 본 문익환 교수님은 매우 여성적이고 문약해 보이는 귀공자 타입이었다. 해맑은 용모와 가냘픈 몸매도 그랬고, 언어 구사나 마음 씀씀이도 그랬다. 그런 인상은 1970년대 중반에 이르기까지 변함이 없었다. 그런데 1970년대 중반 이후, 정확히 말해서 1976년 3·1민주구국선언사건으로 감옥에 갇힌 때부터 놀랍게도 이분은 아무나 흉내 낼 수 없는 우리 역사의 민주, 민족, 민중운동의 투사이자 지도자로 등장하게 된 것이다.

무엇이, 누가 이분을 그렇게 만들고 몰아갔을까? 단도직입적으로 말해서 그분 안에 깊이 내재해 있던 하느님의 마음, 예수의 마음이 그를 잡아 일으켜 쓰신 것이다. 이 점에 대해 그의 치열한 투쟁적 삶의 두 측면에서 확증할 수 있다고 생각한다.

하나는 생명 존중 사상이다. 문 목사님은 세상(世上) 최고의 가치를 생명으로 여기셨고, 그 생명을 사랑하고 살리는 것을 예수 그리스도의 정신으로 파악하셨다. 그는 살아 있는 것은 다 아름답다고 여기셨다. 사람뿐 아니라 짐승도, 짐승만 아니라 풀 한 포기, 꽃 한 송이도, 심지어 길섶이나 담벼락 밑에 아무렇게나 자라는 잡초까지도 예사롭게 보지 않으셨다. 거기 하느님의 생기가 서려 있음을 느끼고, 거기서 생명의 신비와 아름다움을 보셨다. 이 생명에 대한 외경과 사랑 때문에 그는 순수해졌고, 용감해졌다.

가까이서 접한 사람은 다 아는 바이지만 그분은 소문난 애처가요, 가족에 대한 애정과 집안 자랑에서는 단연 타의 추종을 불허하는 분이셨다. 금슬 좋기로 소문난 박용길 장로님과의 부부애도, 어디서나 부모님 자랑이 그치지 않는 지극한 효성도, 자녀들에 대한 애틋한 자애도, 모두 그분 속에 깃든 생명 사랑에서 우러난 것이다.

그의 생명 존중과 사랑은 무한히 확대되어 갔다. 1970년대 초 전태일의 분신에서 비롯하여 1970~1980년대에 걸쳐 불의하고 악한 권력에 의해 죽임당한 수많은 목숨, 또 그 불의하고 악한 세력에 항거하여 제 몸에 기름을 끼얹어 불을 지르고, 칼로 배를 가르고, 허공에 몸을 던져 민족과 역사의 제단에 제물로 바쳐진 숱한 젊은이들의 목숨이 목사님에게는 남의 목숨이 아니었다. 그 모두가 문 목사님에게는 자신의 목숨으로 여겨졌다.

목사님은 '살자 살자 죽음을 살자'라는 시의 첫 소절과 끝 소절에서 다음과 같이 읊고 계신다.

살자 살자 죽음을 살자

......

오늘도 죽음을 살자

　　해마다 개나리 진달래는 지고 피었다 지는

　　너의 죽음 나의 죽음

　　우리 모두 죽음을 눈 딱 감고 살자

　이렇듯 목사님의 생명 사랑은 당신의 피붙이 살붙이에서 비롯하여 이웃 사랑으로, 민족애로, 인류애로 확대 승화되었고, 따라서 생명을 훼손시키는 불의와 악에 대해서 불굴의 항거로 일관하게 했던 것이다.

　이 생명 사랑의 길은 곧 고난의 길이었다. 그 길은 다름 아닌 예수께서 가신 십자가의 길이었다. 목사님은 예수께서 가신 그 고난의 길을 바로 당신이 가야 하고 갈 수밖에 없는 길로 여기셨다.

　'나의 길 당신의 길'이라는 시에서 이렇게 읊고 계신다.

　　난 이유 없는 이 길을 다시 가야 하는군요

　　그럴밖에 다른 길이 어디 있겠습니까

　　당신이 절망하면서도

　　절망하지 않고 가신 길

　　내가 누군데 안 갈 수 있겠습니까

　목사님은 1976년 3월 2일 이래 돌아가신 1994년 1월 18일까지 18년 동안에 무려 여섯 번이나 감옥을 들락거리셨고, 그동안의 옥살이 기간을 합치면 장장 11년이 넘는다. 그는 감옥에서 여러 번의 단식투쟁 등 많은 옥중투쟁을 감행하셨다. 그러나 단 한 번도 자신의 수형생활 조건을 내걸고 투쟁하신 적은 없다. 언제나 함께 갇혀 있는 동지, 동료들 즉, 이웃을 위한, 민족을 위한 대국적인 투쟁이었지 결코 자기 자신을 위한 것은 아니었다. 감옥살이의 조건이 열악하고 어려우면 어려울수록 목사님께서는 그만큼 예수의 고난에 더 가까이 가는 것으로 여기셨다.

이렇듯 그는 천생 목사였다. 전통적인 기독교 가정의 모태에서 태어나 아버지 문재린 목사님과 어머니 김신묵 권사님의 돈독한 신앙(信仰)이 자연스레 온몸에 배어들어서 예수의 뜻으로 가득 채워진 신앙인이었다. 그의 생명에 대한 외경심도, 뜨거운 이웃 사랑과 민족애도, 불굴의 투지와 용기도, 그 뿌리는 어김없이 그의 신앙이다. 하느님의 진실과 정의와 사랑, 그리고 예수 그리스도의 고난과 부활을 통한 생명의 승리, 여기에 대한 확고한 신앙이 문 목사님에게 가실 줄 모르는 생명에 대한 애정과 희망과 용기를 가져다준 원천이라고 나는 확신한다.

또 다른 한 면은 당신이 살아 있음을 다름 아닌 하느님의 은총이라고 여긴 점이다. 그는 당신이 누리고 있는 삶을 덤으로 여기셨다. 문 목사님은 쉰넷이 되셨을 때에 '덤'이라는 시를 쓰셨다.

'쉰까지만 살았으면'

하던 폐병 들린 허약한 소원이
꺾일 듯 꺾일 듯 하다
지나치기 이미 4년,
365일을 네 곱 해서 1460일
그 하루하루를 나는
덤으로 살았다.

내 마음만큼이나 작은
유리잔—
거기서 넘어나는
아버님 어머님의 눈물을
혓바닥으로 감치다가 감치다가 나는
찝찔한 인생을
덤으로 맛보았다.

여섯 달 살고
혼자되어도 좋다며
시집온 아내—
그 나팔꽃 같은 마음에 내 목청을 다 쏟고
펄럭이는 가슴 옷자락에
아내의 체온을 묻히며 살기
벌써 28년,

이제사 나는
덤으로 사랑을 알 듯하다

바다 물살에 무너져 내리는
호, 영, 의, 성 네 놈의
모래성—
하늘 끝처럼 시린 달빛을 등어리에 받으며
두 손으로
무너져 내리는 모래를 쓸어 올리다가 올리다가
손가락 사이사이로 새나가는
모래알들 속에서
억만년을 씻기지 않는 반짝임을 보는
아—
그 놀라움을 나는
덤으로 만져 보았다.

나의 인생보다도 소중한 덤을
이렇게 한 아름 안겨주신
아—
그분의 말씀은 저절로 다 노래라서
그분께 내 마음을 아뢰려다가 나는
덤으로 노래를 익혔다.

진달래 꽃송이처럼 열린 가슴에
그분의 노래가 봄비처럼 내린다.

　이렇듯 문 목사님은 당신의 살아 있음 즉, 목숨을 덤으로 여기셨다. 쉰까지만 하다가 4년을 덤으로 살았다고 감격스러워하던 때로부터 무려 20년이 넘도록 덤을 더 누리다가 가셨다.

　목사님은 아버님 문재린 목사님과 어머님 김신묵 권사님의 눈물, 즉 사랑을 통해 인생을 배운 것을 덤으로 여기셨다.

　박용길 장로님과의 결혼생활은 덤의 극치라 하겠다. 병약했던 문 목사님과의 결혼을 박 장로님의 친정 부모님들은 극구 반대하셨단다. 그러나 박 장로님은 단 6개월만 같이 살더라도 좋다는 비상한 결단으로 시집을 왔는데 그 여섯 달의 무려 100배나 되는 50여 년을 부부로 사셨으니 참으로 엄청난 덤을 즐기며 누리셨다.

　슬하에 둔 4남매의 성장 과정에서 생명의 신비를 만지고 맛보는 덤을 누리셨다. 그 덤을 안겨 주신 하느님이 하도 고마워 그 고마움을 하느님께 아뢰려다가 마침내 덤으로 시인이 되셨음을 읊고 계신다.

　결국 이 시에서 목사님은 당신에게 주어진 삶 일체가 다 덤임을 고백하고 있다 하겠다. 당신의 목숨도, 좋고 훌륭한 부모님에게서 태어남도, 박 장로님과 부부로 맺어짐도, 슬하의 자녀들도, 그리고 생명을 사랑하는 마음에서 울어나는 당신의 시들도 모두가 하느님께서 내리신 덤임을 노래하고 있다.

덤이란 무엇인가? 덤은 마땅히 내가 받을 대가가 아니다. 주고받는 거래에서 주어야 할 것이거나 받아야 할 것이 아니다. 받은 것보다 더 주는 것이요, 준 것보다 더 받는 것이다. 그러기에 덤은 은혜요 은총이다. 따라서 축복이다.

삶을 덤으로 여길 때 사욕도 없어지고, 원한도 가시며, 두려움도 사라진다. 문 목사님이 그토록 사심 없이 온몸을 역사에 던져 민주주의와 통일을 위해 투쟁하고 헌신할 수 있던 것은 삶을 덤으로 여기는 신앙에서 비롯되었다고 나는 확신한다.

통일운동의 지도자를 떠올리며

이창복 _ 6·15공동선언실천 남측위원회 상임대표의장

늦봄 문익환 목사님이 탄생하신 지 100년, 돌아가신 지 24년이 되었다. 오랜 시간 동안 목사님과 함께해서인지, 100세가 되셨다는 게 믿겨지지 않는다. 모란공원으로 모신 것도 엊그제 같은데, 벌써 24주기를 맞았다.

매번 추위가 기승을 부리는 이맘때면 목사님의 빈자리가 크게 느껴지지만 존경과 추모의 마음 또한 깊이 새기게 된다. 더구나 계훈제 선생님, 강희남 목사님, 송건호 선생님, 김병걸 선생님, 김승훈 신부님, 윤반웅 목사님, 이두수 목사님, 오대영, 채광석, 김병곤, 최종진, 최장학, 곽태영, 김근태, 이범영 동지 등 목사님과 고락을 함께했던 고인들을 생각하면 인생의 무상함을 다시금 느끼게 된다.

1976년 명동성당에서 민주구국선언이 있은 후에 문 목사님을 처음 알게 되었는데, 민주통일민중운동연합(민통련) 의장님으로, 전민련과 전국연합 시절에는 고문으로 모시고 일한 것이 참으로 내게는 행운이었고 끝까지 잘 보좌하지 못한 아쉬움이 지금도 남아 있다.

오래전 기억이지만, 목사님과 함께 민통련을 조직하고 의장님으로 모시기까지의 과정이 새삼 기억나는 것은 민주화운동 역사에 어느 때보다 중요한 역할을 했다는 생각에서다. 1985년 3월에 창립한 민주통일민중운동연합은 부문조직에 포함되지 않은 개별 인사들의 조직인 민주통일국민회의와 노동, 농민, 문인, 청년학생들의 부문조직 협의기구인 민중민주운동협의회 조직을 통합하여 본격적으로 민주화와 통일 운동을 전개하게 되었다. 이후 민통련은 부문조직과 함께 지역조직을 확장하여 광역시도 단위에 조직을 발전시켜 전선조직체의 면모를 갖추었으며, 군부정권 타도투쟁과 통일운동을 효과적으로 전개하는 데 기여했다고 자부한다.

활동이 활발해지면서 당시 민통련 내부에서는 민주화운동과 통일운동 중 어느 것이 먼저인 것이냐, 즉 선민주냐 선통일이냐를 두고 토론이 분분했는데, 문익환 목사님께서 민주와 통일은 동전의 양면 같은 것이므로 함께 가야 한다고 정리해 주신 이후 소모적인 논쟁이 없어진 것을 많은 분이 함께 기억하고 있을 것이다.

목사님을 떠올리면, 역시 의장님으로 모시고 활동한 민통련 시절의 기억이 가장 많다. 노동자들의 투쟁 현장을 격려 방문하는가 하면, 시위 도중에 부상으로 입원해 있는 동지들을 위문 방문하고, 각종 시위에 열심히 참여하여 운동을 선도하는 일로 바쁜 나날이었다. 민통련 이후에도 목사님은 민중이 있는 곳이면, 투쟁이 있는 곳이면, 억울함을 호소하는 이들이 있는 곳이면, 어디든 마다않고 늘 그 자리에 계셨다.

목사님은 당당한 도전자셨다.

큰 집회에서나 노동자 투쟁의 현장에서 경찰이 쏘는 최루탄이나 물대포에 단 한 번도 등을 보이지 않으셨다. 오히려 당당하게 우뚝 서서 주먹을 불끈 쥔 채로 '쏠 테면 쏴 보아라!'하면서 그 고통을 감내하는 모습은 참으로 감동적이었다. 최루탄과 물대포를 피해 도망가는 것이 자연스러운 행동임에도 목사님은 홀로라도 맞서고 계실 때가 많았다. 부당한 권력 행사에 굴하지 않고 정면으로 대항하는 것이었다.

목사님은 영원한 청년이셨다.

전국에서 대학 총학생회가 목사님을 초청하는 경우가 많았다. 정말 불가피한 상황이 아니고서는 청년학생이 부르는 곳에 열심히 정치연설을 하러 길을 나서셨다. 피곤하신 일정이 많으셨을 텐데도 학생들이 무등을 태워 운동장을 한 바퀴 돌았다고 천진하게 말씀하시고 매우 흐뭇해하시던 모습이 지금도 눈에 선하다. 젊은 이들과 학생들을 사랑하는 마음이 늘 목사님을 청년으로 살게 하신 힘이 되셨던 것 같다.

조성만 학생이 명동성당 교육관에서 스스로 몸을 던졌을 때, 그렇게 고통스러워하실 수가 없었다. 조국의 민주화와 통일을 위해 분신하고 투신했던 수많은 청년학생을 막지 못한 것에 대해 목사님은 오랫동안 자책감에 시달리셨고, 그 자책감이 두 팔을 벌려 절절하게 열사들의 이름을 부른 모습으로 우리에게 기억되고 있다. 목사님 스스로 청년이자 청년 못지않은 열정을 품고 계셨고, 청년들을 사랑하는 마음이 목사님에게는 힘의 원천이고 살아가는 보람이었던 것 같다.

목사님은 시상이 풍부하신 시인이었다.

민중이 탄압받는 것을 보고 참지 못한 분함과 통일에 대한 한을 글로 옮기시며 시를 써오셨다. 늘 쓰신 시를 갖고 다니시며 어디에서라도 시인을 만나면 당신이 쓰신 시를 봐 달라고 하던 모습도 여러 번 목격했다. 용정에서 학교를 다니시던 시절, 한 반이던 윤동주 시인 부탁으로 교지에 시를 기고했는데, "이것도 시라고 써 왔어?"라는 타박을 받은 후부터는 한동안 시를 쓰지 않았다고 하시지만, 목사님은 마음이 따뜻해지는 시, 우리를 일으켜 세우는 격정적인 시를 많이 남기셨다.

목사님은 지칠 줄 모르는 투사였다.

10여 차례나 구속과 석방을 반복하면서 20여 년을 한결같이 반독재민주화 운동과 민족민중운동을 이끌어오셨다. 그 동력이 어디에서 나왔을까? 신구교를 통틀어 보더라도 문익환 목사님만큼 정의와 진리를 몸으로 실천하신 분이 계실까? 종교계뿐 아니라 재야 전체를 보더라도 목사님만큼 온몸으로 실천하신 분이 또 계실까? 성직자로서만이 아니라 한 시대를 이끌어가는 민족의 지도자였음이 틀림없다. 머리로만이 아니라 뜨거운 가슴으로 민족의 제단에 몸을 맡기셨다.

돌이켜보면 목사님을 가장 많이 기억하고 그 모습이 가장 머릿속에 남아 있는 일은 아무래도 제일 왕성하게 활동하신 민통련 시절이다. 목사님과 함께했던 많은 일 가운데 가장 어려웠던 일로 기억에 남는 것은 87년 대선 전략을 세우는 일이었다. 6·29선언에 따라 대통령 직선제가 관철되면서 여·야를 막론하고 후보 구도를 어떻게 할 것이냐가 초미의 관심사였다. 물론 재야의 대표 조직인 민통련도 군부독재 정권을 종식시키고 민중에 의한 민주정부 수립이야말로 30여 년 투쟁의 목표였으니 중요한 문제가 아닐 수 없었다. 민통련에서도 각급 단위의 회의를 통하여 후보 전술을 의논하기 시작했으며 집행위원회와 중앙위원회를 두 번이나 거듭 소집하여 대통령 후보 전술을 결정하게 되었다.

당시에 김영삼, 김대중 두 분의 유력 후보자의 정책토론은 지금도 회자될 정도로 의미 있는 일이었고, 과정에서 소수의 후보단일화 의견도 있었지만, 중앙위원회를 통해서 김대중 후보에 대한 비판적 지지로 최종 결정을 하게 되었다. 8개월간의 거듭된 논의 끝에 결론이 났으니만큼 민통련은 즉시 선거운동 준비에 들어갔다. 마지막까지 후보단일화의 목소리도 있었으나 선거에 임박해서는 4자필승론도 대두되어 결국은 노태우, 김종필, 김영삼, 김대중 후보가 끝까지 선거에 임했으며 결국 노태우에게 정권을 안겨 주게 되었다.

선거 참패에 대한 책임이 민통련에 집중되었고 많은 사람의 심정이 상하지 않을 수 없었다. 무엇보다 조직을 대표하고 있는 목사님의 입지도 손상되었으며 조직은 위기에 몰렸다. 대선에 패배한 평민당도 어려움을 겪기는 마찬가지였다. 1988년 초 김대중 총재는 기자회견을 통해 재야의 수혈을 받아 평민당을 재건하겠다고 발표했고, 민통련 내부에서는 정치권에 진입할 의사가 있는 분들이 평민련이라는 입당파 모임을 만들어 평민당으로 진출하자 민통련은 더욱 어려워졌다. 민통련은 남은 조직원을 중심으로 수습대책위를 만들어 민통련 재건을 논의했으나 결국은 1988년 1월에 새로 조직된 전국민주통일연합(전민련) 창립을 앞두고 발전적으로 조직을 해소하기에 이르렀다.

민주정부 수립 기회를 놓쳤던 1987년 대선이 끝난 며칠 후, 목사님께서 조용히 부르시더니 "내가 단식을 하면서 기도하고 싶은데 천주교 시설을 알아봐 달라"는 말씀을 하셨다. 가톨릭 노동사목 대표인 윤순녀(수산나) 씨와 의논 끝에 혜화동 로터리 부근에 있는 꼰벤투알 프란치스코 수도원에 목사님을 모셨고, 목사님은 대국민 성명을 발표하며 그간의 심정을 밝히신 후 일주일간의 단식을 마치고 귀가하셨다.

무엇보다 우리가 기억하는 목사님은 열렬한 통일운동가였다.

1989년 3월 초 어느 날로 기억한다. 민통련 사무실로 오신 목사님께서 "어디에 가면 어떻게 생긴 사람이 있으니 사무실로 데려오라" 하시기에 그 손님을 모셔다드렸다. 한참 동안 밀담을 하시더니 손님이 떠난 후에 목사님께서 "나 김일성 주석을 만나러 평양에 갈 거야!" 하시기에 나는 너무 어려운 일을 너무 쉽게 말씀하신다는 생각으로 큰 고민 없이 "다녀오실 수 있으면 다녀오십시오. 그러나 양심선언문은 써 놓고 가십시오!"라고 가볍게 받아넘겼다. 그로부터 10여 일 후에 "나 내일 일본 도쿄로 해서 평양으로 갈 거야!" 하신다. 그때서야 정신이 번쩍 나면서 '조직적으로 어떻게 해야 하나…' 고민하기 시작했지만 아무하고도 의논할 수가 없었다. 사안이 사안인 만큼 비밀을 유지해야 했다.

사람들과 논의할 기회를 엿보던 중 목사님은 도쿄에서 기자회견을 하고 평양행 비행기에 오르셨다. 그로부터 얼마 후 도쿄 출장 중에 정경모 선생을 만나 목사님이 평양에 가신 경위를 대략 들을 수 있었다. 정경모 선생은 도쿄에서 여운형 선생 추모제를 주최한 적이 있는데, 평양에서 여운형 선생의 따님이신 여연구 씨에게 고맙다는 인사를 받아 알게 되었으며, 그 인연으로 문익환 목사님과 김일성 주석의 면담이 가능해져서 방북을 하게 되었다는 것이다. 정경모 선생은 대선 패배 이후에 목사님이 김일성 주석과 만나 통일의 물꼬를 트는 역할을 해야 한다고 판단하신 후 목사님의 방북을 주선한 것 같았다.

목사님의 방북으로 공안탄압이 가중된 것은 사실이지만 성과는 대단했다. 귀환하신 후 목사님이 첫마디로 "통일은 다 되었어!"라고 하실 만큼 통일 기운의 확산과 통일 방안의 접근성 확인은 중요한 성과였다. 귀환과 동시에 목사님은 구속되어 안양교도소에 수감되셨고, 나 또한 범민련 준비위 구성 건으로 안양교도소에 수감되었으니 면회 길이나 운동하는 길에 뵙기도 했다. 안양교도소 수

감 시절 특히 감동받은 일이 있었다. 나도 면회를 하고 있었는데, 옆방에서 목사님과 전교조 선생님 4~5명이 접견하면 기타 반주에 노래를 불러드리는 것이 아닌가. 당시 옆방에서 들려온 노래를 들으며 퍽 감동받았고 목사님의 삶이 부럽기도 했던 기억이 있다.

목사님의 독특한 치료법은 일명 파스 요법으로 불릴 정도였는데, 많은 임상실험을 거치며 연구되고 그 결과를 책으로 발표하여 많은 이들에게 좋은 치료법으로 소개되기도 했다. 당시 평택 미군기지 반대 운동을 지도했던 동지가 허리 통증으로 고생하기에 목사님을 찾아가 치료를 받으라고 했더니 실제로 찾아뵙고 치료를 받아 몸이 좋아졌다고 기뻐하기도 했다. 민주통일운동을 하는 사람마다 혈맥을 찾아 가위와 반창고를 가지고 다니면서 오려 붙여주셨고, 효과가 좋다고 자랑하시던 모습도 눈에 선하다. 목사님은 평상시 물구나무서기를 하신다거나 아침에 일찍 일어나 단전호흡 등 가벼운 방법에서부터 소식(小食)에 이르기까지 남의 건강도 챙겨주시지만 당신의 건강도 열심히 다스리기도 했다.

이 글을 마무리하면서 소위 새로운 통일운동체(새통체) 건설 당시 얘기를 안 할 수 없겠다. 1990년 1월 범민련 남측 준비위를 출범시킬 때만 하더라도 35개 단체가 참여했는데 많은 참여자가 구속되고 탄압받으며 참여가 저조해지고, 탈퇴를 선언하는 조직도 많이 늘어나고 있었다. 이런 상황에서 소수가 범민련 활동을 할 것

316

이 아니라 더욱 많은 대중이 통일운동에 참여할 수 있도록 하기 위해서 새로운 통일운동체를 건설하자는 주장이 제기되었고, 목사님이 그 중심에 서게 되었다. 남쪽의 의견만 분분한 것이 아니라 북측에서도 범민련 남측위와는 다른 의견을 전달해 왔다. 당시 범민련 북측 위원장은 서신을 통해 범민련 복귀를 요청했고, 목사님은 더 큰 통일운동과 그것을 담아낼 수 있는 큰 통일조직을 하자는 내용의 답장을 준비하셨지만 끝내 보내지 못하고 운명을 달리하셨다. 이 상황에서 통일운동 내부에서는 묘한 감정과 더불어 앙금이 생기는 일이 있었다.

결국 많은 논란 끝에 새통체는 자주평화통일민족회의로 창립되었고 민족회의가 중심이 되어 오늘날의 민족화해범국민협의회(민화협)으로 확대 발전했다. 민화협에 참여하기를 범민련 남측위에 끝까지 권고했으나 성사되지는 못했다. 통일운동의 한 지도자 역할이 대단히 중요하고 그 지도자를 키울 줄 아는 우리 운동권의 넉넉함도 있어야 하겠다는 생각을 하니 목사님을 다시금 안타까운 마음으로 회고하게 된다.

연표

1918. 6. 1 만주 북간도 명동촌에서 아버지 문재린, 어머니 김신묵의
            맏아들로 태어남

1925   명동소학교 입학

1932   은진중학교, 숭실중학교 재학 중 신사참배 거부로 중퇴

1937   광명중학교 졸업

1938   동경 일본신학교 입학

1943   만주 봉천신학교로 옮김(학병 거부) 만보산 한인교회 전도사

1944. 6. 17 박용길과 평생 가약, 서울 안동교회 최거덕 목사 주례

1945   신경중앙교회 전도사로 근무

1947   조선신학교(한신대 전신)를 졸업하고 목사 안수
            구미교회/을지교회 전도사로 근무. 복음동지회(김관석, 안
            병무, 장준하, 김찬국, 문동환, 서남동 등) 만듦

1949   미국 프린스턴신학교 유학

1950~53   한국전쟁 중 판문점 및 동경 UN군사령부 통역관과 한국어
            학교 교장으로 근무

1954. 8   재차 도미, 프린스턴신학교 대학원 신학 석사 학위

1955~70   한빛교회에서 목회활동 시작. 한신대, 연세대에서 구약학
            교수

1965~66   미국 유니온신학교에서 1년간 수학

1968~76   신·구교 공동번역 성서 구약 번역 책임위원

1973. 5	첫 시집《새삼스런 하루》출간
1976. 3. 1	3·1 민주구국선언 사건으로 첫 번째 투옥
1978. 4	두 번째 시집《꿈을 비는 마음》출간
1980. 5. 17	내란예비음모죄로 구속, 광주교도소에서 23일간 단식
1983. 1	고난받는 사람들을 위한 갈릴리교회 담임목사
1985. 3	민주통일민중운동연합 의장 취임
1989. 3. 25	통일의 길을 열기 위해 방북, 김일성 주석과 회담, 통일3단 계방안 원칙 합의(4·2 선언)
1989. 4. 13	귀국 후 구속
1992. 1. 25	미국 친우협회(퀘이커)가 문익환 목사를 노벨평화상 후보로 추천
1993. 4	통일맞이 칠천만 겨레모임 제창
1994. 1. 18	통일맞이 사무실을 개소하고 '새로운 통일운동체' 결성을 위해 전력을 다하던 중 1월 18일 오후 8시 30분 자택에서 별세
	향년 77세.

히브리 민중사

초판 1쇄 발행 1990년 5월 25일 재판 1쇄 발행 2018년 1월 18일 재판 2쇄 발행 2018년 3월 1일
지은이 문익환 편집 문형숙 디자인 designforme 인쇄제책 (주)아이엠피 종이 NPAPER
펴낸이 천정한 펴낸곳 도서출판 정한책방 출판등록 2014년 11월 6일 제2015-000105호
주소 서울시 마포구 모래내로7길 38 서원빌딩 301-5호
전화 070-7724-4005 팩스 02-6971-8784
블로그 http://blog.naver.com/junghanbooks 이메일 junghanbooks@naver.com

ISBN 979-11-87685-21-0 (03900)

책값은 뒷면 표지에 적혀 있습니다.
잘못 만든 책은 구입하신 서점에서 바꾸어 드립니다.

이 도서의 국립중앙도서관 출판예정도서목록(CIP)은
서지정보유통지원시스템 홈페이지(http://seoji.nl.go.kr)와
국가자료공동목록시스템(http://www.nl.go.kr/kolisnet)에서 이용할 수 있습니다.
(CIP제어번호: CIP2017035468)